HERAUSGEGEBEN VON VOLKER WEIDERMANN

BÜCHER MEINES LEBENS

HELGA
SCHUBERT

ÜBER

ANTON TSCHECHOW

KIEPENHEUER
& WITSCH

Im Grunde geht es nur um den einen Schritt, den wir nicht gehen. Davon erzählt Helga Schubert auf den hier folgenden Seiten. Von dem einen Schritt in den Abgrund, den sie nicht gegangen ist. Stattdessen wählte sie den anderen, den lebensrettenden Schritt zurück. Das vermag Literatur zu bewirken.

Das vermochte in Helga Schuberts Fall eine besonders kurze, eine, wie ich finde, besonders traurige Geschichte, die Anton Tschechow schrieb. Sie heißt »Gram« und Sie werden gleich von ihr lesen. Sie handelt von der Eile der Menschen, von unserer Gleichgültigkeit und einem Schmerz, der nicht auszuhalten ist. Es sei denn, wir können davon erzählen.

Helga Schubert hat viele Stunden in ihrem Leben zugehört. Während ihrer Berufszeit als klinische Psychologin hörte sie Geschichten über Geschichten. Und musste sie alle für sich behalten. Schweigepflicht. Berufsgeheimnisse in schier endloser Zahl. Was macht ein Mensch mit all dem Schweigen? Helga Schubert haben die Geschichten geholfen, die Menschen zu verstehen. Und sich selbst.

»Ein Leben lang habe ich Menschen ein Haus gebaut«, sagt sie. Dabei laufe man Gefahr, sich selbst zu vergessen. Irgendwann finde man um sich herum lauter Häuser und sei selbst schutzlos der Natur ausgeliefert.

In ihrem Buch »Vom Aufstehen« berichtete Helga Schubert von ihrer Vergangenheit und wie sie oft Sätze voller Missgunst denken musste, Sätze, die sie »wie eine Giftwolke« umwehten. Im Alter, fügte sie hinzu, sei das anders. Sie habe über Jahrzehnte Gutes eingesammelt, Erinnerungen, Fantasien, Liebe, Wärme, Bilder und Sonaten. Das ist ihr Schatz. Das ist das Haus, das sie sich gebaut hat.

Wer Helga Schuberts Bücher gelesen hat oder gar das Glück hatte, sie persönlich kennenzulernen, der weiß um die Kraft dieses Schatzes, ihren Willen zum Glück, die ganze gute Energie, die sie in sich trägt und weitergibt. Es wirkt bei ihr oft so, als wäre das ganz leicht. Einfach der Anweisung jener afrikanischen Weisheit folgend, die als Postkarte lange Jahre auf ihrem Schreibtisch stand:

»Wende dein Gesicht der Sonne zu, so fallen die Schatten hinter dich.«

Helga Schuberts Buch über ihren *Tschechow erzählt von alldem – ihrem Lesen, ihren Spurensuchen und den Ermutigungen, die sie aus den alten Texten gewann. Und von dem Moment, in dem sie beschloss, in ihren Geschichten all das zu erzählen, was ihr in den Berichten ihrer Patienten und in ihrem eigenen Leben als absurd oder veränderbar erschien.*

Denn darauf kommt es an – durch Hören, Lesen und Erzählen –, die Veränderbarkeit der inneren Welt, die Veränderbarkeit unseres Lebens zu erfahren.

Volker Weidermann

INHALT

EINE BRÜCKE ZU ANTON PAWLOWITSCH TSCHECHOW

Ganz kalt soll man sein beim Schreiben, mahnte er, beim Schreiben von Literatur wohlgemerkt, denn beim Schreiben seiner Liebesbriefe war er nicht kalt: Anton Pawlowitsch Tschechow.

Von 1860 bis 1904 hat er gelebt, in Russland, im zaristischen Russland, nur 44 Jahre.

Nur 44 Lebensjahre. So, als ob ich schon 1984 gestorben wäre: Erst fünf Jahre später die Maueröffnung, ein Jahr danach das Ende der DDR mit ihrem Beitritt zur Bundesrepublik Deutschland, das Ende des Kalten Krieges und der Friedensnobelpreis für Michail Sergejewitsch Gorbatschow, den letzten Staatspräsidenten der Sowjetunion, und dann 1991, die Auflösung der Sowjetunion (*Von der Sowjetunion lernen, heißt siegen lernen* stand zu DDR-Zeiten in weißer Schrift auf den roten Transparenten an Häuserwänden oder bei der Maidemonstration) und im selben Jahr die Unabhängigkeit der Republik Ukraine, das alles hätte ich nicht erlebt, wenn ich wie Tschechow mit 44 Jahren gestorben wäre. Und ich hätte auch nicht erlebt, dass

38 Jahre nach meinem Tod Russland einen Krieg mit der Ukraine beginnt.

Eigentlich war ich im Schreiben eines ganz anderen Buches gefangen, als ich gefragt wurde, ob ich in einer neuen Buchreihe, in der Schriftsteller über ihren liebsten Schriftsteller nachdenken, auch ein kleines Buch schreiben möchte, ein ganz kleines.

Mir fiel sofort dieser russische Schriftsteller ein.

Und ich sagte Ja, ohne zu überlegen. In dem Moment begann mein Fremdgehen beim Schreiben. Zum ersten Mal, denn sonst grüble ich immer nur an einem Text herum. Ich bekam ein schlechtes Gewissen gegenüber dem Buch, an dem ich bis dahin arbeitete. Ich könnte ja am Tag über Tschechow schreiben und in der Nacht an meinem Buch über Liebe und Tod. Das kleinere Buch über Tschechow wird eine Huldigung, nahm ich mir vor, ich erzähle einfach, was ich diesem Autor an Verständnis für Disziplin und Technik und das Verhältnis vom ersten zum letzten Satz verdanke, erzähle von meinem Besuch in den Gedenkstätten noch zu Sowjetunion-Zeiten, auf der Krim, in Moskau und in Melichowo.

Tschechow schrieb auch an verschiedenen Texten gleichzeitig, beruhigte ich mich. Zum Beispiel berichtete er in einem Brief vom 27. Mai 1891 an den Zeitungsredakteur Alexej Sergejewitsch Suworin: *Montags, dienstags und mittwochs schreibe ich an dem Buch über Sachalin, an den übrigen Tagen, mit Ausnahme von Sonntag, an dem Roman, und sonntags kleine Erzählungen. Ich arbeite mit Lust …*

Das klang doch organisiert.

Aber schon 17 Tage später schrieb er ihm: *In meiner literarischen Arbeit herrscht ein solches Drunter und Drüber, dass selbst der Teufel sich darin ein Bein brechen würde. Ich hatte mit einer Novelle angefangen – da kam das Ausland dazwischen; die Novelle weiterzuschreiben habe ich jetzt nicht die Zeit – ich habe Sachalin am Hals.*

Drei Tage später besuchte ihn dieser Redakteur, zwei Wochen später eine Freundin. Tschechow schickte am 16. Juni die Erzählung »Weiber« an den Redakteur mit den Worten: *Von der Sachalinarbeit haben mich nicht die Muse der Rache und des Kummers und nicht der Durst der süßen Klänge fortgerissen … Ich sitze buchstäblich ohne einen Groschen da.*

Bereits am 25. Juni erschien die Erzählung in der Tageszeitung »Nowoje wremja« (Neue Zeit), und Tschechow erhielt sein bescheidenes Zeilenhonorar. Kurz darauf erhöhte der Redakteur dieses Honorar sogar um fünf Kopeken, und Tschechow arbeitete an der nächsten Erzählung »Das Duell«. Doch es kam wieder eine andere Dame zu Besuch.

***

Immer ist es der Tschechow der anderen, dachte ich.

Alle haben ein Bild von ihm:

Der Autor mit dem gütigen Blick unter dem Kneifer.

Der Arzt, der Cholerabaracken und Schulen für Arme baute.

Der Russland aufrüttelte durch seinen Bericht über die Sträflingsinsel Sachalin, sodass sogar eine Regierungsdelegation dorthin aufbrach.

Seine Stücke als Vorläufer des absurden Theaters.

Seine Kurzgeschichten, Erzählungen und Dramen gehören zu dem Schönsten und Vollkommensten in der russischen Literatur heißt es auf dem Lesezeichen im Buch.

... und wir können nur auf ihn blicken, steht auch auf dem Lesezeichen, und das ist ein Ausspruch von Sean O'Casey, *und seiner sanften Stimme lauschen, in der die Musik der Barmherzigkeit und der Wahrheit klingt.*

Nie war es also mein Tschechow, immer der der anderen. Ich kam mir vor wie ein Eindringling in den Kreis Erwachsener: Thomas Mann, Natalia Ginzburg und auch Peter Urban standen um ihn.

Vor allem Peter Urban, der alle Werke Tschechows ins Deutsche neu übersetzte, die Briefe in fünf Bänden herausgab und dann eine Lebenschronik, Tag für Tag, verfasste.

Tschechow war der Letzte der von mir bewunderten Schriftsteller (und Schriftstellerinnen, ich will sie nicht vergessen), den ich noch nicht vermenschlicht hatte:

Er war der mit dem Heiligenschein.

Solange ich noch einen Heiligen hab, dachte ich, solange bin ich noch nicht erwachsen.

Und ich ging, wie immer und nicht nur bei Schriftstellern, auf Fehlersuche.

Denn das hatte bei mir bisher immer zum Ziel geführt: Ach, so ist das, hatte ich dann enttäuscht und zugleich befriedigt gedacht:

Sie lügt ja, mit freundlichem Lächeln, sieht mich dabei an. Dann kann ich ihr nie mehr vertrauen.

Ach, so ist das, hatte ich enttäuscht gedacht: Er kocht nur mit Wasser.

Ach, so ist das, sie ist ungebildet, ungenau, vereinfacht politisch.

So hatte ich mich nach und nach befreit von den Übermächtigen in meinem Leben.

Ich holte sie von ihrem Sockel.

Aber es war bitter, so zu leben:

Ihre Eitelkeit (die ich nun entdeckte), ihre Habgier, ihre Humorlosigkeit, ihre Dummheit, ihre Intoleranz, ihre Untreue, ihre Faulheit, ihre Geschmacklosigkeit, ihre Indiskretion, ihre Feigheit waren ihr Verhängnis. Wie hatte Tschechow es geschafft, trotzdem beim

Schreiben gerecht zu bleiben? Denn er wusste doch sehr viel von Menschen.

Jetzt aber, als schreiberfahrene Frau im neunten Lebensjahrzehnt, will ich mich diesem Genie Anton Pawlowitsch (weil sein Vater Pawel hieß, also »der Sohn Pawels«) Tschechow, er war nichts weniger, als eine Fragende und Vergleichende nähern, nicht als Trost- oder Inspirationsuchende.

Ich will durch das Lesen seiner Geschichten, Briefe, Notizen und Dramen Mut für mein eigenes Weiterschreiben bekommen.

Ich will herausfinden, wie er sich Raum fürs Schreiben schuf, wie er sich vor Ablenkung schützte und vor dem Verbrennen, wie er sein Privatleben einordnete, unterordnete, schützte, verwertete.

Schon in meinem 20. Lebensjahr, als mich eine seiner Kurzgeschichten rettete, beschloss ich, mich nach seinen Ratschlägen zu richten.

Seitdem vertraute ich diesem toten Menschen wie einem wohlmeinenden zurückhaltenden Bruder.

Da war nichts Erotisches, nichts Romantisches, keine Sehnsucht nach einem Treffen vor wehenden Gardinen. Ich wollte etwas Existenzielles verstehen. Er hätte auch weiblich sein können. Es ging um etwas Lebenserhaltendes in seinem Werk.

Als Neunjährige las ich sein Kinderbuch »Kaschtanka«. Tschechow hatte es mit 27 Jahren geschrieben, 1887. Im Mittelpunkt steht die kleine Mischlingshündin Kaschtanka mit ihrem roten Fell und der Schnauze wie von einem Fuchs. Am Anfang der Geschichte verirrt sie sich vor Schreck über das Getöse einer Militärmusik-Kapelle, nachdem sie ihrem betrunkenen Herrn gefolgt ist, einem Tischler. Sie fällt nun einem Fremden auf, der Tiere dressiert und damit im Zirkus auftritt. Er nimmt sie zu sich, gibt ihr zu fressen, schlägt sie nicht, beschimpft sie nicht wie der Tischler. Und sie überlegt, wo sie es besser hat.

Voll Sehnsucht denkt sie an die bekannten Gerüche in der Werkstatt des Tischlers, seinen Sohn Fedjuschka, obwohl er doch Kaschtanka quälte, zum Beispiel band er ein Stück Fleisch an einen Bindfaden und riss es der Hündin wieder aus dem Magen, nachdem sie es verschluckt hatte. *Und je lebhafter diese Erinnerungen wurden, umso lauter und sehnsüchtiger winselte Kaschtanka*, steht bei Tschechow.

Und Kaschtanka lernt die anderen Tiere kennen, die von dem Fremden, der sie aufgenommen hat, gut behandelt, aber dressiert werden. Er gibt ihnen menschliche Namen und tauft Kaschtanka um, von nun an heißt sie »Tante«. Eines Nachts stirbt der Gänserich. Der Fremde ist zärtlich zu dem sterbenden

Tier und beweint es. Tante muss den Gänserich ersetzen. Der Fremde verkleidet und schminkt sich als Clown, und Tante fürchtet sich vor der Fratze. Sie muss dann in der Manege laut heulen, wird dort von Fedjuschka, dem Sohn des Tischlers, erkannt und gerufen, versucht, zu ihm zu kommen, springt vergeblich an den Wänden hoch, schließlich wird ihr vom Publikum geholfen. Und sie geht dann hinter den beiden Menschen, die nach Kleister und Lack riechen, nach Hause. Tschechow nennt sie am Ende der Geschichte wieder Kaschtanka, als ob sie ihre Identität zurückbekomme.

Als Kind fand ich die Geschichte traurig, weil Kaschtanka doch zu Hause bei ihrem alten Herrn wieder hungern und frieren muss, während sie bei dem Fremden gut behandelt wurde, nicht beschimpft.

»Das ist das Vertraute, die Heimat«, hörte ich von meiner Mutter als Erklärung. »Du hast ja dafür keinen Sinn.« Sie hatte recht: Ich habe es nie nachfühlen können: das Bleiben bei oder sogar das Zurückkehren zu Menschen, die einen nicht gut behandeln, die einen im Stich lassen, die trinken. Meine Mutter hatte einen trinkenden Vater … und Tschechow auch. Die Loyalität zu solchen Menschen, nur weil sie zur eigenen Familie gehören? Ich finde in dieser Erzählung auch das Schicksal von Frauen heutzutage, die aus Frauenhäusern zurückkehren, zu ihren schlagenden und trinkenden Männern.

Mein Großvater schlug meine Mutter aus Ungeduld und Enttäuschung, wenn sie Mathematik nicht verstand, das Fach, das er unterrichtete. Er schlug sie, als sie ihren Schulfreund küsste, mit 18. Und in der Inflation in den Zwanzigerjahren verkaufte er ein Grundstück in Berlin-Karlshorst, das er von der Mitgift seiner Frau bezahlt hatte, für Bargeld, lud davon die zufälligen Gäste einer Kneipe ein und wurde auf dem Heimweg in einer Bahnunterführung zusammengeschlagen und ausgeraubt. Meine Mutter erzählte es mir immer wieder, zeigte mir das Grundstück, auf dem er hatte bauen wollen, ein Trauma, dieses Ausgeliefertsein, aber sie war stolz auf ihren Vater, weil er ein Berliner Schulrektor geworden war, als Bauernsohn aus Hinterpommern.

Mich schützten ihre Erzählungen vor der Ambivalenz von Quälern, ich erkannte sie frühzeitig und verließ sie. Darum konnte ich einen solchen Text wie »Kaschtanka« nie schreiben. Tschechow kannte dieses für ihn unlösbare familiäre Band, ich nicht. Er beschrieb die Rückkehr der Hündin ohne Herablassung. Doch er durchschaute das Dilemma.

***

Die erste Geschichte Tschechows, die ich mit dem Bewusstsein einer Schreibenden las, war eine seiner kürzesten: »Gram« (In einer anderen Übersetzung heißt sie »Kummer«).

Sie traf mich in einer Lebenssituation, als Studentin mit einem gerade geborenen Kind, mitten im Psychologiestudium, das ich nicht unterbrechen wollte, um möglichst bald finanziell unabhängig zu sein, in der ich niemanden hatte, dem ich mich anvertrauen konnte.

Ich hatte eine für mich ganz furchtbare Entdeckung gemacht, die den Vater meines Kindes, meinen damaligen Lebenspartner, betraf.

Ich war allein mit unserem drei Wochen alten Sohn, stillte ihn noch und bekam nach meinem Entsetzen in der Nacht 41 Grad Fieber und fantasierte.

Ich beschloss, mich scheiden zu lassen, und sagte es niemandem.

Kurz danach las ich diese Geschichte: »Gram.«

Weil sie so kurz war.

Und weil ich auch Erzählungen schreiben wollte, bis dahin hatte ich nur Prosagedichte hervorgebracht.

Ich lebte nach außen wie vorher, bestand das Vordiplom, brachte mein Kind schon mit zehn Wochen in die Tageskrippe und setzte mein Studium fort.

Und ich beschloss, meinen Kummer aufzuschreiben. Es wurde eine Erzählung mit einem Happy End, die den existenziellen Verrat, dem ich ausgeliefert war, nicht ernst nahm. Sie war unwahrhaftig – und ich habe sie nie veröffentlicht.

Ich las »Gram« über einhundert Male. Und sie wurde zur wichtigsten Erzählung für mich. Ich war in meinem 83-jährigen Leben oft in Situationen, die mir aussichtslos erschienen: Wenn ich dann diese Geschichte hervornahm, half sie mir, nicht in Selbstmitleid zu versinken und nicht in Aggression gegen mich zu geraten.

Sie half mir, den kleinen lebensrettenden Schritt vor dem Abgrund zurückzuweichen.

Tschechow war 25 Jahre alt, als er »Gram« am 27. Januar 1886 in der Petersburger Zeitung veröffentlichte.

Zu dieser Zeit herrschte in Moskau Unterleibstyphus. Er war schon zwei Jahre lang als niedergelassener Arzt tätig und behandelte unter anderem vier Frauen, die an dieser Krankheit litten. Es waren nahe Verwandte eines befreundeten Malers: dessen Mutter und drei Schwestern.

Die Mutter starb unter Tschechows Behandlung und auch eine der drei Schwestern.

Zwei starben, und nur zwei überlebten.

Dieser Tod beeindruckte ihn so, dass er seine medizinische Tätigkeit aufgeben wollte und das Arztschild von seiner Wohnung entfernte, las ich. Und noch im selben Monat schrieb er »Gram«.

Die Schuld am Tod von Patienten bei sich zu suchen: Das kenne ich auch. Und ebenso die Überlegung, den Beruf in der Klinik aufzugeben. Ich war sechs Jahre älter als Tschechow, als sich eine magersüchtige Patientin in der Nervenklinik der Charité das Leben nahm. Eine 20-jährige Studentin. Ich hatte sie mitbehandelt. Und ich hatte noch am Nachmittag mit ihr gesprochen.

Es war der erste Tag nach meinem Urlaub. In meiner Abwesenheit war sie wieder in die geschlossene Abteilung verlegt worden, in die offene hatte man sie vorher nur auf meine Bitte und nur zur Probe gelassen.

Die Probe hätte sie bestanden, wenn sie zwei Kilogramm zugenommen hätte. Doch sie aß ohne Zwangsernährung auf der offenen Station weniger als auf der geschlossenen und wog wieder unter einem Zentner. Ihre Sachen waren an diesem Tag schon in die geschlossene Station gebracht worden, die sie fürchtete: mit den Toiletten ohne Türen, dem großen Schlafsaal mit den schizophrenen Patienten, die Stimmen hörten in der Nacht. Sie hörte keine Stimmen, sie ekelte sich nur vor dem Dicksein, stand lang und knochig und blass mit ihren kurzen weißblonden Haaren, dem dicken Rollkragenpullover und den weiten Jeans vor mir, als wir uns nach der Gruppentherapie verabschiedeten.

Sie hatte in der vergangenen Stunde nur still und in sich gekehrt dagesessen und ging nun schweigend hinaus.

»Sie wird von ihren Eltern abgeholt, sie hat heute noch mal Ausgang«, berichtete mir die Stationsschwester.

Und auf meine Frage, warum sie doch in die geschlossene zurückmüsse, warum sie mich als Psychologin in die Behandlung einbezögen und dann doch nicht auf mich hörten, antwortete der Oberarzt, dass er mehr Erfahrung mit der Behandlung der Magersucht habe, die Verantwortung trage und schon viel zu viel Zeit mit den Gesprächen und der Entspannungstherapie vertrödelt worden sei.

Ich hatte sie nämlich gefragt, welches Nahrungsmittel sie ohne Abscheu und Ekel freiwillig in einer ganz kleinen Menge zu sich nehmen würde. Ihre Antwort war: »Ananas aus einer Büchse.« Den Saft davon würde sie gern trinken, erzählte sie mir. Das war so ein erstes Aufflammen von Genuss, dachte ich da. Ich wollte es ihren Eltern vorschlagen. Eine solche Büchse gab es in den Intershops für Westgeld oder für acht Ostmark in den teuren Delikat-Läden.

»Aber sie nahm doch schon wieder Blickkontakt

auf und hat auch schon gelächelt, als sie wieder in der offenen Station war«, gab ich dem Oberarzt zu bedenken. Doch er wollte die Anordnung nicht zurücknehmen.

Ich setzte mich nicht durch, ich drohte nicht mit Kündigung, ich bat nicht um eine Entscheidung des Klinikdirektors.

Und die junge Frau ging später mit den Eltern von Apotheke zu Apotheke, ließ sie draußen warten, angeblich, um ein Rezept einzulösen, und kaufte sich 80 Schlaftabletten. Die nahm sie sicher noch vor der Rückkehr in die Klinik, denn in der geschlossenen Abteilung, vor deren Tür ihre Eltern sie ablieferten, wäre sie nicht mehr unbeobachtet geblieben.

Als der Nachtdienst sie Stunden später kontrollierte, wurde ihr der Magen ausgepumpt.

Sie kam wieder zu sich, sagte als Grund für ihren Suizidversuch, man wolle sie mästen wie ein Schwein, nur zwei hätten sich ihr gegenüber menschlich verhalten: der Stationsarzt und die Psychologin.

Dann starb sie, an Nierenversagen.

Ihr Verzeihen nützte mir nichts, bis heute fühle ich mich mitschuldig an ihrem Tod.

Weil ich nicht spürte, dass sie schon weggegangen war, als sie sich verabschiedete. Weil ich nicht zu meiner Überzeugung gestanden hatte.

Ich kann heute verstehen, dass Tschechow das Arztschild von seiner Tür nahm. Aber er hatte es mit einer körperlichen Krankheit zu tun, während es in meinem Beruf als Psychologin immer um die Seele meiner Patienten ging, um ihren gefährdeten Lebenswillen, ihre überdeckte Verzweiflung und Mutlosigkeit.

Aber ich wollte mich von nun an ganz einlassen, denn ich bemerkte bei mir eine überraschende Veränderung: Ich schrieb immer mehr in meiner Freizeit und spürte dabei die Freiheit, über meine Figuren und auch über mich ungestraft zu spotten, ich durfte mich distanzieren ohne schlechtes Gewissen. Alles das war in der Psychotherapie nicht erlaubt. Eigentlich wollte ich bis zum Rentenalter in der Klinik arbeiten. Und nun verspürte ich die Versuchung, in meinen Geschichten all das zu erzählen, was mir bei meinen Patienten als absurd oder auch als veränderbar erschien. Ich dachte, wenn ich vor ihnen saß, oft daran, wie das, was gerade geschah, in einer Geschichte beschrieben werden könnte. Und dass ich das in der Therapie eigentlich nicht denken dürfte.

Ich war aber erst 33 Jahre alt, alleinerziehend, und bis zur Rente waren es noch 27 Jahre.

Aber mich brachte die Erschütterung durch den Tod der armen vom Selbstekel gequälten Patientin zu der Erkenntnis, dass ich mich so ganz und gar im kommenden Berufsleben in der Klinik auf andere Menschen nicht einlassen wollte, denn das Registrieren nahm in mir überhand, die Freude über eine Redewendung, einen originellen Vergleich in den Berichten meiner Patienten. Ich wollte das beschreiben, nur nicht vergessen. Und so ging ich zwischendurch in Distanz. Beim Schreiben muss man das, im psychotherapeutischen Gespräch aber wird man dann kurzzeitig für den Patienten unerreichbar, gleichsam kalt. Tschechow hatte schon recht, dass man beim Schreiben kalt sein muss. Denn es sind zwei ganz verschiedene Bewegungen: In der Therapie muss man sich beim Zuhören zu dem Mitmenschen hinwenden mit aller Berufs- und Lebenserfahrung, während man sich zum Schreiben von allen Mitmenschen wegwenden und entfernen und alles betrachten sollte wie mit einem umgekehrten Fernrohr.

***

Bestimmt hat Tschechow »Gram« erst kurz vor dem Druck verfasst, denn er schrieb sehr schnell.

Vorher hatte er schon jahrelang Humoresken und Satiren mit begrenzter Länge veröffentlicht: manchmal mit einem Abstand von nur einem Tag, in verschiedenen Boulevardblättern.

Und mit dem Honorar unterstützte er seine Familie.

Bis ein erfahrener Schriftsteller, Grigorowitsch, ihn ermahnte, sein zweifellos großes Talent nicht zu vergeuden, sondern sich an ernste Themen zu setzen.

Er nahm diesen Rat ernst – und das Ergebnis ist eine der wunderbarsten Geschichten der Weltliteratur:

Wie gesagt, »Gram«.

Mein Leben lang habe ich mir die Kürze dieser Erzählung zum Maßstab genommen, die Menschenfreundlichkeit und das Wissen um die gefährliche Gleichgültigkeit gegenüber dem Kummer, dem Gram eines Gegenübers, die er nur leise und vorsichtig andeutet. Dass sie im formalen Stil eines Märchens geschrieben ist, mit allen Hindernissen, die der Held im Märchen überwinden muss, schließlich mit gutem Ausgang, das habe ich erst begriffen, als ich sie für diesen kleinen Huldigungstext Wort für Wort, und nicht wie früher Satz für Satz, las:

Nämlich in Zeitlupe.

Jetzt im Alter wage ich es, wie durch einen Röntgenapparat das Skelett der Geschichte zu untersuchen.

Gram

In der Übersetzung von Wolf Düwel wird der Erzählung ein Motto vorangestellt, ohne Urheberangabe, demnach von Tschechow selbst:

Wem klage ich meinen Schmerz …?

Abenddämmerung. Große nasse Schneeflocken wirbeln träge um die eben angezündeten Laternen und legen sich als dünne, weiche Schicht auf Dächer, Pferderücken, Schultern und Mützen. Der Kutscher Jona Potapow ist ganz weiß, wie ein Gespenst. Zusammengekrümmt – mehr kann sich ein menschlicher Körper nicht zusammenkrümmen – kauert er auf dem Kutschbock und regt sich nicht … Selbst wenn ein ganzer Berg von Schnee auf ihn herunterfallen sollte, er würde es wohl auch dann nicht für nötig halten, ihn abzuschütteln … Sein Pferdchen ist ebenfalls ganz weiß und rührt sich nicht. In seiner Regungslosigkeit, mit den eckigen Formen und den stockähnlichen Beinen gleicht es sogar von nahem einem Lebkuchenpferdchen für eine Kopeke. Augenscheinlich ist es tief in Gedanken versunken.

Tschechow setzte gleich in der ersten halben Seite literarisch einige Zeichen, die für die Stimmung der Erzählung wichtig sind: Sowohl mit dem Titel als auch mit dem Motto bin ich nun auf etwas Trauriges eingestimmt, auf eine Frage an die Mitmenschen:

Wem klage ich meinen Schmerz …?

Dann die weiche Schneedecke auf dem Pferderücken, vielleicht soll ich an ein verhüllendes Leichentuch denken, der Autor vergleicht die Hauptfigur des Kutschers Jona Potapow mit einem Gespenst, das hat etwas Unheimliches. Und dann lässt Tschechow das Pferdchen sogar nachdenken.

Und weiter heißt es:

Wer vom Pflug, von den gewohnten einförmigen Bildern weggerissen und in diesen Strudel unheimlichen Lichts, unablässigen Lärms und rennender Menschen hineingeworfen wird, dem bleibt nichts übrig, als nachzudenken …

Schon seit langem haben Jona und sein Pferdchen sich nicht von der Stelle gerührt. Sie sind schon vor Mittag vom Hof gefahren, und noch immer haben sie nichts eingenommen. Aber nun senkt sich nächtliches Dunkel auf die Stadt. Anstelle des blassen Laternenlichts treten lebhafte Farben, und der Trubel auf den Straßen wird lauter.

Tschechow verwendete den Plural: Sie sind schon vor Mittag vom Hof gefahren. Es ist ja abends. Und noch immer haben sie nichts eingenommen. Der Autor vermenschlicht also das Tier und macht Kutscher und Pferd so zu einer Einheit, einer Symbiose.

»Kutscher, nach der Wyborger Seite!«, hört Jona jemand rufen. »Kutscher!«

Jona zuckt zusammen und sieht durch die schneeverklebten Wimpern einen Offizier in Mantel und Kapuze.

»Nach der Wyborger Seite!«, wiederholt der Offizier. »Schläfst wohl, was? Nach der Wyborger!«

Zum Zeichen des Einverständnisses zieht Jona an den Zügeln, dabei fallen vom Rücken des Pferdes und von seinen Schultern ganze Schichten von Schnee. Der Offizier steigt in den Schlitten. Der Kutscher schnalzt mit den Lippen, reckt den Hals wie ein Schwan, richtet sich ein wenig auf und schwingt die Peitsche – weil er es einmal so gewohnt ist, keineswegs, weil es nötig wäre. Das Pferdchen reckt ebenfalls den Hals, krümmt seine stockähnlichen Beine und setzt sich unentschlossen in Bewegung …

»Wo fährst du denn, du Idiot«, ruft es gleich zu Anfang aus der dunklen, hin und her wogenden Menge. »Bist du verrückt? Rrrechts fahren.«

»Kannst du nicht fahren! Halt dich rechts!«, sagt wütend der Offizier.

Von einer Equipage herunter schimpft ein Kutscher; ein Fußgänger, der über die Straße läuft und mit der Schulter gegen die Schnauze des Pferdchens stößt, schaut sich böse um und schüttelt Schnee vom Ärmel.

Die ersten etwas näher charakterisierten Mitmenschen betreten hier die Erzählung: der Offizier, herrisch, wütend und unzufrieden, von oben herab, der andere von der Equipage herabschimpfende Kutscher und der Fußgänger, der über die Straße läuft und mit der Schulter gegen die Schnauze des Pferdchens stößt und sich böse umschaut.

Jona rutscht auf dem Bock hin und her, als säße er auf Nadeln, er spreizt die Ellenbogen, seine Augen irren wie abwesend umher, als verstünde er nicht, wo und wozu er hier fährt.

Tschechow spricht von den Augen des Kutschers, die wie abwesend umherirren, und von dessen Depersonalisationserleben. Der Autor deutet eine Gefahr für die Seele der Hauptperson an.

»Was für Schurken!«, witzelt der Offizier. »Legen es darauf an, mit dir zusammenzustoßen oder unters Pferd zu kommen … Haben sich wohl verabredet.«

Jona sieht sich nach dem Fahrgast um, seine Lippen bewegen sich. Offenbar will er etwas sagen, doch aus seiner Kehle dringt nur ein Röcheln.

»Wie?«, fragt der Offizier.

Jona verzieht den Mund zu einem Lächeln, strengt seine Kehle an und sagt heiser:

»Und mir, Herr, ist nämlich … die Woche der Sohn gestorben.«

»Hm …! Woran ist er denn gestorben?«

Jona dreht sich mit dem ganzen Körper zu dem Fahrgast um und sagt:

»Wer kann das wissen! Sicher am Fieber … Hat drei Tage im Krankenhaus gelegen und ist gestorben … Gottes Wille.«

»Weich aus, du Teufel«, ruft es aus der Dunkelheit. »Bist wohl nicht ganz bei Trost, alter Hund? Sperr die Augen auf!«

»Los, los, fahr weiter …«, sagt der Fahrgast. »Sonst sind wir morgen noch nicht da. Leg mal ein bisschen zu!«

Der Kutscher reckt wieder den Hals, richtet sich etwas auf und schwingt mit ungelenker Grazie die Peitsche. Er schaut sich noch mehrere Male nach dem Fahrgast um, der aber hat die Augen geschlossen und ist offenbar nicht geneigt, zuzuhören. Nachdem Jona den Fahrgast auf der Wyborger Seite abgesetzt hat, macht er vor einer Kneipe halt, kauert sich zusammengekrümmt auf den Bock und rührt sich nicht mehr … Der nasse Schnee hüllt ihn und das Pferdchen wieder in Weiß. Es vergeht eine Stunde, eine zweite …

Das ist nach dem Märchenschreibgesetz der erste gescheiterte Versuch.

Auf dem Bürgersteig tauchen, laut mit den Galoschen aufstampfend und schimpfend, drei junge Männer auf:

Zwei sind groß und schlank, der dritte ist klein und bucklig.

»Kutscher, zur Polizei-Brücke!«, ruft der Bucklige mit knarrender Stimme. »Drei Personen … zwanzig Kopeken!«

Jona zieht an den Zügeln und schnalzt. Zwanzig Kopeken sind kein angemessener Preis, aber ihm geht es jetzt nicht ums Geld … Ein Rubel oder fünf Kopeken – ihm ist das ganz egal, wenn er nur Fahrgäste hat … Die jungen Leute treten, einander stoßend und wüst fluchend, an den Schlitten und zwängen sich alle drei gleichzeitig hinein. Sie beginnen zu verhandeln, wer die beiden Sitzplätze einnehmen und wer stehen soll. Nach langem Gefluche, vielem Hin und Her und gegenseitigen Vorwürfen beschließen sie, dass der Bucklige als Kleinster stehen muss.

»Na, denn!«, knarrt der Bucklige, der sich auf seinen Stehplatz stellt und Jona in den Nacken pustet. »Saus ab! Eine Mütze hast du da auf, Bruder! Eine schlechtere gibt's in ganz Petersburg nicht.«

»Hoho … hoho«, lacht Jona, »ist mal so.«

»Na, du Ist-mal-so, fahr zu! Willst wohl den ganzen Weg so trödeln? Was? Kriegst gleich eine geschmiert …«

»Mir brummt der Schädel«, sagt einer von den beiden Langen. »Gestern bei Dukmassows haben Waska und ich zu zweit vier Flaschen Kognak ausgesoffen.«

»Ich versteh nicht, warum du so lügst!«, ereifert sich der andere Lange. »Lügt wie ein Schwein.«

»Gott strafe mich, aber es ist wahr.«

»Ist ebenso wahr, wie es wahr ist, dass Läuse husten.«

»Hehe!«, kichert Jona. »Luuustige Herrschaften!«

»Tfu, hol dich der Teufel!« Der Bucklige wird böse. »Willst du nun fahren, alte Pest, oder nicht? Wer fährt denn so? Zieh ihm eins mit der Peitsche über! Na, zum Teufel! Los! Gib's ihm!«

Jona spürt hinter seinem Rücken den zappelnden Körper und die knarrende Stimme des Buckligen. Er hört, wie auf ihn geflucht wird, er sieht Menschen, und allmählich weicht aus seiner Brust das Gefühl der Einsamkeit. Der Bucklige schimpft, bis er sich schließlich bei einem ganz saftigen, sechsstöckigen Fluch verschluckt und krampfhaft husten muss. Die beiden Langen reden von irgendeiner Nadeshda Petrowna. Jona sieht sich nach ihnen um. Er wartet eine kurze Gesprächspause ab, dreht sich noch einmal um und murmelt:

»Mir ist diese Woche ... nämlich ... der Sohn gestorben.«

Das ist der zweite Versuch zu klagen.

»Wir müssen alle mal sterben«, seufzt der Bucklige und wischt sich nach dem Husten die Lippen ab.

»Los, fahr schneller, schneller! Herrschaften, ich bin absolut außerstande, so weiterzufahren! Wann werden wir da ankommen?«

»Mach mal ein bisschen Dampf dahinter ... gib ihm eins ins Genick!«

»Hast du verstanden, alte Pest? Ich hau dir die Hucke voll ...! Wenn man bei euresgleichen lange fackelt, kann man auch gleich zu Fuß laufen! Hast du verstanden, alter Drachen? Oder pfeifst du auf unsere Worte?«

Und Jona hört, wie auf seinen Nacken ein Schlag klatscht, er fühlt ihn aber gar nicht richtig.

»Hoho ...«, lacht er, »lustige Herrschaften. Gott gebe ihnen Gesundheit!«

»Kutscher, bist du verheiratet?«, fragt der eine Lange.

»Ich? Hoho ... lustige Herrschaften. Jetzt hab ich nur eine Frau -- die feuchte Erde ... Hihoho ... Das Grab

nämlich! Mein Sohn ist nämlich tot, und ich lebe … Seltsame Geschichte, der Tod hat die Tür verwechselt … Statt zu mir zu kommen, ist er zum Sohn …«

Und Jona dreht sich um und will erzählen, wie sein Sohn gestorben ist, aber da seufzt der Bucklige erleichtert auf und erklärt, sie seien Gott sei Dank endlich angelangt. Jona erhält seine zwanzig Kopeken, und er schaut lange den Herrschaften nach, die in einer dunklen Toreinfahrt verschwinden. Wieder ist er ganz allein, und wieder wird es um ihn ganz still …

Da ist der zweite Versuch gescheitert. Und die Hauptperson wird gedemütigt, geschlagen und auch finanziell ausgenutzt.

Der Gram, der kurze Zeit nachgelassen hatte, kommt wieder und zerreißt ihm die Brust mit noch größerer Gewalt. Jonas Augen wandern ruhelos und gequält über die Menge, die auf beiden Seiten der Straße hin und her wogt. Wird sich unter diesen Tausenden nicht wenigstens einer finden, der ihn anhört? Aber die Menschen eilen in Massen vorbei und achten weder auf ihn noch auf seinen Gram … Übermächtig ist dieser Gram und ohne Grenzen. Würde Jonas Brust zerspringen und der Gram aus ihr herausströmen – er würde die ganze Welt überfluten, und doch kann ihn niemand sehen. Verborgen in seiner winzigen Schale, wäre er selbst bei Tage mit einer Laterne nicht zu entdecken.

Hier richtet sich seine Sehnsucht nach Zuhören an viele unbestimmte Menschen und wird nicht bemerkt. Also der dritte gescheiterte Versuch.

Jona sieht einen Hausknecht mit einem Sack und beschließt, ihn anzusprechen.

»Lieber, wie spät mag es sein?«, fragt er.

»Es geht auf zehn … Was stehst du hier herum? Fahr weiter!«

Das war der vierte gescheiterte Versuch.

Jona fährt ein paar Schritte weiter, krümmt sich zusammen und gibt sich seinem Gram hin … Sich an die Menschen zu wenden, hält er bereits für zwecklos. Aber es vergehen keine fünf Minuten, da richtet er sich auf, schüttelt den Kopf, als spüre er einen stechenden Schmerz, und zieht an den Zügeln … Er hält es nicht mehr aus.

Nach Hause, denkt er, nur nach Hause.

Und das Pferdchen, als hätte es seinen Gedanken erraten, setzt sich in Trab. Nach anderthalb Stunden sitzt Jona schon neben dem großen, schmutzigen Ofen. Auf dem Ofen, auf dem Fußboden, auf den Bänken schnarchen Leute. Die Luft ist verraucht und stickig … Jona schaut auf die Schlafenden, kratzt sich den Kopf und bereut, dass er so früh zurückgekommen ist.

Nicht mal genug für Hafer hab ich heute zusammengebracht, denkt er. Daher auch der Gram. Ein Mensch, der seine Sache versteht, … der selbst satt wird und sein Pferd nicht hungern lässt, ist immer zufrieden …

In einer Ecke richtet sich ein junger Kutscher auf, ächzt verschlafen und langt nach dem Wassereimer.

»Hast wohl Durst?«, fragt Jona.

»Na ja, hab Durst!«

»So … Wohl bekomm's … Aber mir, Bruder, ist der Sohn gestorben. Hast du's gehört? Diese Woche im Krankenhaus … So eine Geschichte!«

Jona schaut, welche Wirkung seine Worte hervorrufen, aber er sieht nichts. Der junge Kutscher hat die Decke wieder über den Kopf gezogen und schläft weiter.

Das ist der fünfte gescheiterte Versuch.

Der Alte seufzt und kratzt sich … So, wie es den Burschen danach verlangte, zu trinken, so verlangte es ihn danach, zu reden. Seit dem Tod des Sohnes ist bald eine Woche vergangen, und er hat sich noch mit niemand so recht aussprechen können … Darüber muss man doch in aller Ausführlichkeit und vernünftig reden … Man müsste erzählen, wie der Sohn erkrankt ist, wie er sich gequält hat, welches seine letzten Worte vor dem Tod waren und wie er gestorben ist ... Man müsste die Beerdigung schildern und die Fahrt nach dem Krankenhaus, wo er die Kleidung des Verstorbenen abholte. Im Dorf ist ihm das Töchterchen Anissja geblieben ... Auch von ihr müsste man sprechen ... Und was hätte er jetzt nicht alles zu erzählen! Der Zuhörer müsste stöhnen, seufzen und wehklagen ... Noch besser wäre es, er würde alles den Weibern erzählen. Die sind zwar dumm, aber sie heulen schon beim zweiten Wort.

Dem Märchenhelden wird sein Wunsch, sich mitzuteilen, bewusst. Er hat eine genaue Vorstellung, wie der Mitmensch reagieren müsste: mit Anteilnahme und Mitleid.

Werd mal nach dem Pferd sehn, denkt Jona, zum Schlafen ist noch Zeit genug ... Werd mich schon noch ausschlafen.

Er zieht sich an und geht in den Stall, wo sein Pferd steht. Er denkt an den Hafer, ans Heu, ans Wetter ... An den Sohn darf er, wenn er allein ist, nicht denken ... Mit jemand darüber sprechen – das geht; aber für sich allein daran denken und sich das Bild des Sohnes vorstellen – das ist unerträglich, das ist grauenhaft ...

»Kaust du?«, fragt Jona sein Pferd und schaut ihm in die glänzenden Augen. »Na kau nur, kau nur ... Wenn es heute den Hafer nicht eingebracht hat, dann fressen wir eben Heu.

Ja ... Bin zum Fahren zu alt ... Der Sohn sollte fahren, aber nicht ich ... Das war ein richtiger Kutscher. Nur leben müsste er ...« Jona schweigt eine Weile und fährt dann fort: »Stutchen, so ist es nun, Bruder ... Kusma Jonytsch ist weg ... Hat uns Lebewohl gesagt ... Ist krank geworden und gestorben, ganz umsonst ... Sagen wir mal, du hast jetzt ein Fohlen und bist von dem Fohlen die leibliche Mutter ... Und plötzlich, sagen wir mal, sagt dieses selbe Fohlen dir Lebewohl ... Das tut doch weh?«

Das Pferdchen kaut, hört zu und schnauft seinem Herrn auf die Hände ...

Jona kommt ins Reden und erzählt ihm alles ...

Bei diesem sechsten Versuch kommt die Erlösung. Eben wie im Märchen.

Sicher bin ich in meinem Leben jede dieser handelnden Figuren schon gewesen:

Das (im übertragenen Sinne) tote Kind, der Mensch, der plötzlich abhandenkommt, sich verweigert, den Kontakt abbricht,

die Mutter, die vergeblich ihren Gram mitteilt,

die Erschöpfte, die mitfühlen könnte, aber einfach zu erschöpft zum Zuhören ist,

die Spöttische zur Unzeit,

die Überhebliche,

die Laute, die Rücksichtslose.

Aber ich war auch zeitlebens das Pferd, dem man schließlich alles erzählen konnte, vom verworrenen, manchmal scheiternden, schamvollen Dasein, von der Untreue, vom Verfluchen und Verfluchtwerden, von einer hoffnungslosen Liebe. Und mein Gegenüber sieht mich nach zwei Stunden ernst an und sagt: »Das muss aber bitte unter uns bleiben. Nehmen Sie das unter Ihre Schweigepflicht.«

Ja, genau genommen war ich das Pferd für andere Menschen.

Ich habe alles wissen wollen, zunächst nicht, um es als Geschichte zu erzählen, sondern um Menschen zu begreifen, um mich mit anderen zu vergleichen.

Und weil ich immer mehr erfuhr, hielt ich immer mehr Trauriges und Absurdes für möglich, wurde wohl auch toleranter, was Menschen ermunterte, mir noch mehr zu erzählen, so konnte ich dann schließlich aus der Fülle auswählen, verdichten und Erzählungen schreiben.

Aber dazu musste ich jahrelang ein Pferd sein.

Vielleicht habe ich hier gerade eine kleine Brücke zu

Tschechow gebaut, denn er klagte über die Ablenkungen durch andere Menschen, durch Gäste.

***

Schon zu Lebzeiten hat er die Menschen magisch angezogen:

Sie konnten ihn gar nicht in Ruhe lassen,

suchten ihn auf, wollten mit ihm sprechen, mit ihm leben.

Und er war doch schon todkrank.

Aber auch nach seinem Tod ging die Verzauberung weiter:

An meiner Wand hing lange ein Zettel mit einem Zitat der Schriftstellerin Katherine Mansfield:

Ach, Tschechow! Warum bist du tot? Warum kann ich mich mit dir nicht unterhalten, in einem großen verdunkelten Zimmer, am späten Abend, wenn das Licht grün ist von den wehenden Bäumen draußen. Ich möchte eine Reihe von Himmeln schreiben: das wäre einer davon.

Sie war 30, als sie dies schrieb, und er wäre 58 gewesen, wenn er noch gelebt hätte.

Sicher hätte sie ihn besuchen dürfen. Denn sie durften alle kommen: Die von ihm ersehnten und gefürchteten Menschen.

Und ich bin ja auch zu ihm gekommen, obwohl er da schon 77 Jahre tot war: im Jahre 1981.

Er ließ mich nicht in Ruhe. Ich war 41 Jahre alt, als ich in Jalta in seinem Haus an seinem Schreibtisch stand.

Tschechow hatte in dem Alter, in dem ich damals war, gerade noch drei Jahre zum Leben – und zum Schreiben. Alles mit der Hand.

Und er schrieb auch alles mit der Hand noch einmal ab:

ins Reine.

Ich hatte so viele Fragen an ihn, als ob etwas für mein Leben davon abhinge.

Ab 1969, als seine Werke in der DDR gesammelt erschienen, kaufte ich mir alle Bände, las seine Briefe, seine Notizhefte, Erzählungen, Stücke, las Erinnerungen an ihn, pinnte mir Fotos von ihm und seinen Wohnorten an die Wand.

Ich lebte im obersten, dem 13. Stock eines Hochhauses am Bahnhof Alexanderplatz in Ostberlin, arbeitete im selben Stadtbezirk als Psychologin in einer Ehe-, Familien-, Jugend- und Sexualberatungsstelle, war Mitglied des Schriftstellerverbandes, eine Voraussetzung für die freiberufliche Tätigkeit, denn in der DDR gab es eine Pflicht zur Arbeit. Ich schrieb damals schon seit 20 Jahren täglich kurze Texte und hatte meinen ersten

Band mit 31 Erzählungen veröffentlicht: »Lauter Leben«, hatte Hörspiele, ein Fernsehspiel, ein experimentelles Theaterstück und Reportagen geschrieben. Aber über meinen Tellerrand der DDR hinaus schaffte ich es erst durch ein Porträt der Primaballerina des Bolschoi-Balletts in Moskau, Galina Ulanowa. Sie war ja die Heldin des russischen Kinderbuchs »Das Mädchen Galja«. Als eine Mitarbeiterin der Auslandsabteilung des Schriftstellerverbands mich 1976 fragte, ob ich für ein geplantes Buch mit dem Arbeitstitel »Moskauer Begegnungen« nach Moskau fahren würde, um ein Porträt zu verfassen, wünschte ich mir diese Tänzerin als Gesprächspartnerin. Galina Ulanowa sagte zu, und ich durfte sie tatsächlich mehrmals im Bolschoi-Theater besuchen. Eine anmutige, leise Frau. Die Gerüchte sagten, dass sie sogar für Stalin getanzt habe.

Dass ich sie ausgesucht hatte, die legendäre Julia, eine Frau aus der Kultur, eine weltberühmte Primaballerina, öffnete mir damals in Moskau viele Türen. Ich wurde in das Schriftstellerhaus eingeladen, eine Wahrsagerin sagte dort bedeutsam zu mir: »Deine Stärke ist deine Schwäche, das merke dir.« Zwei ungewöhnliche Frauen betreuten mich als Dolmetscherinnen: Die eine erzählte mir vorsichtig von den Lagern in der Stalinzeit, in denen einige ihrer Familienangehörigen inhaftiert gewesen seien, sie sagte es ganz unvermittelt, leise, als wir in der Pause am Kuchenbuffet im Bolschoi-Theater standen: »Sehr viele Menschen, überall gibt es diese Menschen, wissen, dass es die Lager gab, aus meiner Familie waren es mehrere, die alles genau erzählt haben, vom GULAG, vom Abgeholtwerden, vom Verschwinden für lange Zeit oder für immer.«

Die andere Dolmetscherin führte mich durch das nächtliche Moskau und zeigte mir die Orte, an denen Michail Bulgakows »Der Meister und Margarita« spielte. Sie wies auf den berühmten Balkon, auf die Kellereingänge, durch die die Mädchen für den Chef der Geheimpolizei, Lawrenti Pawlowitsch Berija, verschleppt wurden. Zum Schluss schenkte sie mir ihre Ohrringe, die ich heute noch trage, wohl aus dem Kaukasus, Halbedelsteine mit inzwischen schwarz gefärbter Silbereinfassung, und sagte dringlich: »Vergessen Sie nicht, wenn Sie wieder zu Hause sind, was für eine Angst wir hier haben.« Sie war die Enkelin Chruschtschows.

Ich erzählte den beiden Frauen nicht, dass ich ein Schreiben an Lew Kopelew bei mir hatte, das ich ihm überbringen sollte. Die Schriftstellerin Christa Wolf hatte mir diesen verschlossenen Brief überreicht, nachdem sie gehört hatte, dass ich nach Moskau reisen wollte, um Galina Ulanowa zu porträtieren. »Traust du dich das?«, hatte sie mich gefragt.

Ich besuchte ihn und seine Frau heimlich und ohne Begleitung und unangemeldet. Das Ehepaar Kopelew ließ mich in die Wohnung, aber zunächst prüften sie mich. Warum ich in Moskau bin, wie ich in ihre Wohnung kam, mit der Taxe? Wo ich den Taxifahrer halten ließ. Ob mir jemand gefolgt ist, was ich am Abend noch vorhabe. Nein, ich sollte nicht zu der Versammlung an dem Denkmal gehen. Da sei ich auch als Ausländerin in Gefahr. Dort versammelten sich regelmäßig Dissidenten, Anhänger Sacharows, des späteren Friedensnobelpreisträgers. Er hatte die Wasserstoffbombe mitentwickelt, sich aber dann für eine Demokratisierung und Freiheitsrechte in der Sowjetunion eingesetzt.

Dann fragte mich Kopelew nach meinem Vater. Ich antwortete, dass er sich mit 28 Jahren auf einem vereisten Arm der Wolga im Zweiten Weltkrieg bei einem freiwilligen Einsatz, nach dessen erfolgreichem Abschluss er Offizier geworden wäre, auf die einzige Handgranate des Feindes geworfen habe und sofort tot gewesen sei. Kopelew war sichtlich überrascht, dass ich nicht die Tochter eines deutschen Offiziers war. Das Ehepaar bat mich dann ins Wohnzimmer, dort saß bereits ein Korrespondent des westdeutschen Fernsehens, Klaus Bednarz.

Wir hörten, wie durch den Türschlitz ein Brief geschoben wurde: Er stammte von Heinrich Böll, der sich Sorgen um die Freiheit von Kopelew machte und ihn nach Westdeutschland einlud. Kopelew schenkte mir zum Abschied sein gerade in der Bundesrepublik erschienenes Buch »Aufbewahren für alle Zeit!«, das von seiner Arbeit als Politoffizier der Roten Armee beim Einmarsch in das damalige Ostpreußen handelte, und ich schmuggelte es in die DDR. Er berichtete darin über die Gräueltaten der russischen Soldaten, die er beobachtet und bei der Militärführung angezeigt hatte. Das hatte ihm in der Stalinzeit mehrere Jahre Lagerhaft eingebracht.

Durch die Empfehlung Kopelews lernte ich auch Solomon Konstantinowitsch Apt kennen, den Übersetzer von »Josef und seine Brüder« von Thomas Mann, einiger Werke von Brecht, Hesse, Kafka und Musil, Canetti, Dürrenmatt, Frisch und Grass. Zugegen war auch der Literaturwissenschaftler Juri Elperin, der später im vereinigten Deutschland lebte. Mich beeindruckte diese kultivierte Gemeinschaft, so wie Kopelew waren es überwiegend jüdische Literaturwissenschaftler, die sich politisch aufeinander verlassen konnten. Noch im selben Jahr übersetzten sie für die Zeitschrift »Inostrannaja Literatura« (Internationale Literatur) drei meiner Erzählungen.

***

Fünf Jahre später, 1981, wurden Kopelew und seine Frau zur Ausreise aus der Sowjetunion gedrängt. Darum waren sie bei meinem zweiten beruflichen Aufenthalt, als ich die Tschechow-Gedenkstätten besuchen wollte, nicht mehr in Moskau.

Dass ich schon einmal für eine Reportage über eine Künstlerin in Moskau war, hatte nämlich den Literaturredakteur einer Ostberliner Zeitschrift auf die Idee gebracht, mich zu fragen, ob ich kurzfristig eine Reise in die Sowjetunion machen möchte, um über eine selbst gewählte literarische Figur zu schreiben.

Sie hatten bei ihrer Jahresabrechnung gemerkt, dass sie noch eine Reise bei ihrer Partnerredaktion in Moskau guthatten.

Kaum zu glauben, aber ich durfte Thema und Ziel vorschlagen.

Ich wählte Tschechow und wollte zunächst nach Taganrog am Asowschen Meer, weil er dort geboren wurde und die ersten 19 Jahre seines Lebens dort verbrachte.

Vieles war dort nach ihm benannt, hatte ich gelesen: die Schule, die Bibliothek, eine Straße.

Ich hätte gern das ärmliche Häuschen gesehen, in dem die Tschechow-Familie wohnte – sein Vater stammte doch noch aus einer leibeigenen Familie, die sich aus der Leibeigenschaft erst herauskaufte.

Ich hätte mir die Kirche angesehen, in die der ehrgeizige Vater seine Söhne frühmorgens um drei Uhr an Feiertagen schickte: zum Glockenläuten, zur Messe, in den Kirchenchor.

Ich hätte mir den Krämerladen der Familie angesehen, in dem Anton täglich viele Stunden mithelfen musste.

Aber Taganrog war für Ausländer gesperrt, erklärte man mir. Später erfuhr ich, dass dort am Asowschen Meer ein Teil der russischen Kriegsflotte stationiert war.

»Warum nicht nach Jalta?«, fragte die zuständige Behörde in Moskau.

Jalta in dieser Jahreszeit sei doch sehr schön.

Und Tschechow habe dort schließlich in seinen letzten Lebensjahren gewohnt.

Ja, warum eigentlich nicht Jalta, fragte ich mich.

Aber war es dort nicht schon zu touristisch, gab es noch Spuren?

Ein Fotograf der Redaktion, den ich vorher nicht kannte, begleitete mich bei dieser Reise zu Tschechow.

»Vier Tage Moskau, drei Tage Jalta«, sagte unser Betreuer, der uns vom Flugplatz abholte. »Und Melichowo einen Tag ohne Übernachtung, von Moskau mit dem Auto.« In Jalta gebe es nicht so viel zu sehen:

Da stehe nur das Tschechow-Haus. Und mehr als einen Tag brauche man eigentlich nicht dazu. Aber wir bestanden auf den drei Tagen Krim.

Eigentlich wollte unser Betreuer die Hauptstadt gar nicht verlassen, merkten wir am letzten Tag unserer Reise: Er hatte nämlich gerade die Tochter eines Generals geheiratet. Und Tschechow interessierte ihn nun wirklich nicht.

In Moskau sei das Tschechow-Haus sehr gut geleitet, er habe auch schon mit der Leiterin telefoniert: Sie erwarte uns. Und sie sei auch der Meinung, dass es in dem anderen Tschechow-Museum nicht so viel zu sehen gebe.

»Woran ist Tschechow eigentlich gestorben?«, fragte er mich.

Diese Frage verwunderte mich, da doch das gesamte Leben dieses Autors von der Tuberkulose, der Lungenschwindsucht, bestimmt war.

Ich hatte angenommen, dass der Betreuer sich vorher kundig gemacht hatte.

Als Arzt wusste Tschechow Bescheid, was ihm blühte.

Mit 30 Jahren lehnte er eine bequeme Reise in den Süden wegen seiner gefährdeten Gesundheit ab, unternahm aber stattdessen eine dreimonatige beschwerliche und abenteuerliche Reise auf die Sträflingsinsel Sachalin. Kurz vorher hatte er nämlich in einem Brief an seinen Verleger Suworin die Bilanz gezogen, dass er bisher nur Skizzen, Dummheiten und eine Unmasse von Fehlern und Ungereimtheiten geschrieben hätte. Er wolle jetzt gewissenhaft schreiben, mit Gefühl, mit Sinn und Verstand. *Ich muss von zu Hause weggehen, muss anfangen, mit 700–900 Rubel auszukommen … ich muss auf vieles pfeifen … Ich möchte mich leidenschaftlich gern irgendwo für fünf Jahre verkriechen und mich mit mühevoller ernsthafter Arbeit befassen …*

Er gab sich den Auftrag selbst, auf die Sträflingsinsel Sachalin zu fahren, las Fachbücher, bezahlte auch alles selbst, besorgte sich die Erlaubnis vom Lagerkommandanten, durfte aufgrund einer Geheimverfügung aber keine politischen Gefangenen sprechen, stand um halb 5 Uhr auf, um mit allen Häftlingen sprechen zu können, machte eine namentliche Aufstellung, jeder Häftling bekam eine eigene Karteikarte, so brachte er 10 000 Karteikarten nach Hause. Er sah, wie Häftlinge ausgepeitscht oder zur Strafe an einen Karren geschmiedet wurden.

Er veröffentlichte den Bericht, an dem er zwei Jahre lang gearbeitet hatte, immer unterbrochen durch das Schreiben von Erzählungen, 1893 in der bürgerlich-liberalen Monatsschrift für Wissenschaft, Politik und Literatur »Russkaja mysl« (Russisches Denken) in Moskau. Er erregte Aufsehen.

Noch während seiner Arbeit daran, im August 1891, als er 31 Jahre alt war, schrieb Tschechow prophetisch: *… aber ich schreibe auch manches Vernünftige. Und Sachalin ist deshalb schön, weil es noch 100 Jahre nach mir leben, weil es Quelle und Hilfsmittel sein könnte für alle, die sich mit dem Strafvollzug beschäftigen …*

Es sind nicht nur 100, sondern schon mehr als 130 Jahre seitdem vergangen. Eine solche Äußerung macht tatsächlich Mut, an das spätere Schicksal der eigenen Erzählungen zu denken. Was wird aus ihnen, wenn man tot ist? Wird sie noch jemand lesen? Werden sich die Medizinstudenten in Rostock im Fach Geschichte der Medizin, die jetzt mein Buch »Die Welt da drinnen« lesen, meine Berichte über die ermordeten Geisteskranken der Schweriner Nervenklinik im Zweiten Weltkrieg, werden sie sich noch nach zehn Jahren an die Lektüre meines Buchs und ihr Entsetzen erinnern?

***

Der erste Bericht über seine Anreise zur Sträflingsinsel Sachalin wurde schon 1890 in der Tageszeitung »Nowoje wremja« (Neue Zeit) in Petersburg gedruckt. Er beginnt mit einem Dialog zwischen Tschechow und dem Schlittenkutscher: »*Wie kommt es, dass es bei euch in Sibirien so kalt ist?«, »Gott will es so!« antwortete der Kutscher.*

Diese kurzen Dialoge, die eine Geisteshaltung zeigen und ohne Autorenkommentar auskommen, sind für mich eine Labsal.

Tschechow führte immer ein Notizbuch mit sich, in dem er absurde Aussprüche oder Ereignisse vermerkte, und verwendete einige davon auch in seiner Literatur.

Der Text »Die Insel Sachalin« umfasst in meiner Ausgabe 380 Druckseiten, es sind 23 Kapitel, denen Tschechow immer eine stichwortartige Zusammenfassung des Inhalts voranstellt, denn er wollte den Behörden ja keine literarische Arbeit liefern, sondern einen genauen Bericht.

So in Kapitel XXIII: *Krankheiten und Sterblichkeit der Verbannten. Das Sanitätswesen. Das Lazarett von Alexandrowsk.* An Lungentuberkulose starben die meisten.

Oder im Kapitel XX: *Die freie Bevölkerung. Die Mannschaftsdienstgrade der örtlichen Militärkommandos. Die Aufseher. Die Intelligenz.*

In den Gefängnissen gibt es viele Aufseher, aber keine Ordnung, und die Aufseher sind für die Verwaltung nur ein ständiger Hemmschuh, was vom Inselkommandanten selbst bestätigt wird. Fast jeden Tag belegt er sie in seinen Befehlen mit Geldstrafen, setzt sie auf niedrigere

Gehaltsstufen oder aber entlässt sie ganz: den einen wegen Unzuverlässigkeit und Ungehorsam, den anderen wegen Unsittlichkeit, Unehrlichkeit und Rückständigkeit, einen dritten wegen Diebstahls an fiskalischem Proviant, der ihm zur Aufbewahrung anvertraut war, und einen vierten wegen Begünstigung einer Straftat; ein fünfter, der auf einem Lastkahn eingesetzt war, verstieß nicht nur gegen seine Pflicht, auf Ordnung zu sehen, sondern gab sogar selbst das Beispiel zum Diebstahl an den geladenen Walnüssen; gegen den sechsten läuft eine gerichtliche Untersuchung wegen des Verkaufs von fiskalischen Beilen und Nägeln; ein siebenter ist mehrmals bei einer unlauteren Verwendung von Futter für das dem Staat gehörende Vieh beobachtet worden, ein achter bei ungebührlichen Geschäften mit Sträflingen. Aus Befehlen erfahren wir, dass ein Oberaufseher aus dem Kreis der gemeinen Soldaten, der im Gefängnis Wachhabender war, sich erlaubte, die Frauenbaracke mit romantischen Absichten durch das Fenster zu betreten, nachdem er zuvor die Nägel umgebogen hatte. Ein anderer wiederum ließ während seines Dienstes um ein Uhr nachts einen zweiten Soldaten, der ebenfalls Aufseher war, in den abgetrennten Raum ein, wo die gefangenen Frauen untergebracht waren. Die Liebesabenteuer der Aufseher beschränkten sich nicht allein auf den engen Bereich der Frauenbaracken und auf abgetrennte Räume. In den

Wohnungen der Aufseher traf ich halbwüchsige Mädchen an, die auf meine Frage, wer sie seien, antworteten: »Ich bin die Hausgenossin.«

Tschechow hat hier eine großartige literarische Form gewählt.

Er berichtete in diesen 380 Seiten nicht nur von der Verrohung und der Willkür, sondern immer wieder auch von Verantwortlichen, die nicht brutal, sondern gerecht sein wollen. Gerade diese Genauigkeit in »Die Insel Sachalin« wirkt auf mich erschütternd.

Beeindruckend auch Tschechows Schilderung der sogenannten »freien Frauen« auf der Sträflingsinsel: *Auf die Insel kommen nicht allein Verbrecherinnen und Prostituierte. Noch vor gar nicht so langer Zeit kam auf dreißig Verbrecher eine Frau, die freiwillig folgte, heute dagegen ist die Anwesenheit der freien Frau typisch für die Kolonie, und man kann sich zum Beispiel Rykowskoje oder Nowo-Michailowka schwer ohne diese tragischen Gestalten vorstellen, die »herkamen, um das Leben ihrer Männer zu ordnen, und ihr eigenes verloren«.*

Über die verurteilten Frauen berichtete Tschechow ohne Herablassung:

Es sind in der Mehrzahl temperamentvolle Frauen, die für Verbrechen aus Liebe oder aus familiären Gründen verurteilt sind: »Ich bin wegen meines Mannes hier«,

»ich wegen meiner Schwiegermutter …« Es sind meistens Mörderinnen, Opfer der Liebe und des häuslichen Despotismus. Sogar diejenigen unter ihnen, die wegen Brandstiftung oder Banknotenfälschung hierherkamen, verbüßen in Wirklichkeit ihre Strafe wegen der Liebe, da sie von ihren Liebhabern in das Verbrechen hineingezogen wurden. Das Element der Liebe spielt in ihrem traurigen Dasein eine verhängnisvolle Rolle, sowohl vor der Verurteilung als auch danach. … Morde, Misshandlungen, schwere Körperverletzungen und Verheimlichung von Morden sind bei den Frauen im Verhältnis zu den Männern häufiger:

Ganz unvermutet begegnete er Aufopferung und Liebe. Das verwertete er in den späteren Erzählungen. Vom 21. April bis zum 13. Oktober 1890 setzte er sich extremen Lebensbedingungen aus:

… so ist doch auch ihnen die Liebe nicht fremd, und zwar in ihrer reinsten und anziehendsten Form. Ich sah eine geisteskranke Zuchthäuslerin, die an Epilepsie litt; sie lebt in der Hütte eines Sträflings. Er sorgt wie ein eifriger Krankenwärter für sie, und als ich ihm gegenüber bemerkte, dass es ihm sicherlich schwerfalle, mit dieser Frau in einem Raum zu leben, antwortete er mir heiter: »Ach wo, das tut nichts, Euer Hochwohlgeboren, das mach ich aus Menschlichkeit!« In Nowo-Michailowka hat die Hausgenossin eines Kolonisten schon vor langer

Zeit beide Beine verloren und liegt nun Tag und Nacht im Zimmer auf Lumpen; er sorgt für sie, und als ich ihn zu überzeugen versuchte, dass es für ihn doch bequemer wäre, wenn sie im Krankenhaus läge, sprach auch er von Menschlichkeit.

Mich fasziniert und ermutigt, dass solche Tatsachenschilderungen, wie in dieser Arbeit Tschechows, so eindrücklich sein können. So erschütternd. Jede poetische Überformung wäre verfehlt. Eigentlich sind es ja kunstvoll arrangierte Tatsachen. Denn die Auswahl ist eine künstlerische Entscheidung. Er findet folgende Erklärung, warum so viele Frauen ihren Männern in die Verbannung folgen, obwohl sie dazu nicht verurteilt wurden:

Schließlich gehen viele, weil sie immer noch unter dem starken moralischen Einfluß ihrer Männer stehen; sie haben vielleicht an dem Verbrechen teilgenommen oder seine Früchte genossen und sind nur aus Zufall, wegen Mangels an Beweisen, nicht verurteilt worden. Am häufigsten sind die beiden ersten Gründe: Bedauern und Mitleid bis zur Selbstaufopferung sowie die unerschütterliche Kraft der Überzeugung.

Aber manchmal klagt die freie Frau Tag und Nacht laut jammernd, beweint ihre zurückgelassenen Verwandten wie Tote, und der Mann, der sich seiner großen Schuld ihr gegenüber bewusst ist, schweigt finster, verliert aber schließlich die Selbstbeherrschung, beginnt sie zu schlagen und dafür auszuschimpfen, dass sie gekommen ist.

In diesem Text zeigt sich die Fülle, die Kreativität Tschechows im Angesicht der lebensbedrohenden Lungenkrankheit, dieser reißende Strom der überwältigenden Liebe zur Kreatur, dies Mitleid für alle Ambivalenz in der menschlichen Seele.

Und es zeigt auch, dass es auf die Einstellung des Autors zu den beschriebenen Menschen ankommt. Ist er verzeihend oder hämisch? »Die Insel Sachalin« ist ein Geschichtsbuch geworden. Ich glaube, diese Monate bei den Verbannten haben seinen weiteren Lebenslauf beeinflusst: Er wird mit 34 Jahren Mitglied der Semstwoversammlung von Serpuchow, lässt sich zum Geschworenen im Moskauer Kreisgericht wählen und wird Kurator der Landschule in Talesh, wo er auch den Schulbau unterstützt. In dieser Zeit schreibt er »Die Möwe«. In dem Alter bekam ich eine Krebsdiagnose, und die behandelnden Ärzte rieten mir, mich zwischen der Arbeit in der Psychotherapie und dem Schreiben zu entscheiden, weil ich sonst keine Widerstandskraft gegen die Metastasen hätte. Ich entschied mich fürs Schreiben und arbeitete nicht mehr so oft nachts.

Tschechow aber nahm keine Rücksicht auf seinen

Körper, stand morgens um halb drei auf, wenn er tagsüber zu viele Gäste hatte, und schrieb dann.

Sein Bruder Nikolai war ein Jahr vorher an Tuberkulose gestorben.

Vielleicht hat Tschechow diese Krankheit als sein unausweichliches Schicksal angesehen?

Als sich 1892, da war er 32, sein Lungenleiden verschlechterte, erwarb er 80 Kilometer südlich von Moskau das Gut in Melichowo, ließ sich dort für sechs Jahre nieder und arbeitete weiterhin als Arzt. Ja, Melichowo habe ich auch besucht: Sein Haus ist das schönste, mit einem großen Garten und einem Nebengebäude, in das er sich verkroch, wenn er schreiben wollte. Und auch dort ließ er sich von Besuchern ablenken.

Daran musste ich denken, als wir durch sein Anwesen in Melichowo geführt wurden: sein Arztzimmer und ebenjenes Nebengebäude, sein ersehnter Rückzugsort. Es ist ein einfaches Dorf, einsam und weit weg von Moskau, aber die Familie war immer dabei. Und Frauen zu Besuch, die ihn wollten.

Im Alter von 33 schrieb er in einem Brief an den Redakteur Suworin:

Ich weiß, ich werde an einer Krankheit sterben, die ich nicht fürchte.

Zwölf Monate später schrieb er an denselben Redakteur:

Einst, vor zehn Jahren, habe ich mich mit Spiritismus beschäftigt, und der von mir herbeigerufene Turgenjew antwortete: »Dein Leben geht zur Neige.« Und wirklich, ich habe jetzt ein so großes Verlangen nach allem möglichen, als habe die Fastenzeit begonnen. Ich würde, glaube ich, alles verschlingen, auch das Ausland und einen guten Roman. Und irgendeine Macht treibt mich wie eine Vorahnung, dass ich mich beeilen soll. Aber vielleicht ist es auch keine Vorahnung, sondern es tut mir leid, dass das Leben so eintönig und träge vergeht.

Ein Protest der Seele sozusagen.

Im Frühjahr 1897 erlitt er zweimal einen Blutsturz. Den darauffolgenden Herbst, Winter, das darauffolgende Frühjahr war er nicht im kühlen feuchten Norden, sondern an der Riviera.

Als er 38 Jahre alt war, starb sein Vater.

Er erfuhr erst nach der Beerdigung davon, denn zu dieser Zeit war er schon auf der Krim. Dringend hatten ihm die Ärzte abgeraten, den Herbst in Moskau zu verbringen.

Notgedrungen suchte er sich darum in Jalta ein Grundstück und ließ sich dort 1899 ein Haus errichten. Seine Mutter und seine Schwester Mascha zogen auch bald bei ihm ein. Und er ernährte sie mit seinem Schreiben. Ich hatte schon mit 20 Jahren eine eigene Wohnung und lebte seitdem nicht mehr mit meiner Mutter zusammen, musste sie nicht ernähren, weil sie selbst immer arbeitete und später eine Rente bekam. Tschechow aber musste von früher Jugend an dringend für Geld schreiben. Wie eine Fronarbeit.

Von nun an kam er immer nur für wenige Tage nach Moskau.

Allein in seinem Todesjahr hielt er sich länger dort auf.

Da war es gleichgültig geworden: Keine Luftveränderung, keine Diät, keine Medikamente halfen ihm in seiner Schwäche.

Er machte sich mit seiner Frau auf die hoffnungslose Reise zu einem Ort, an dem er atmen konnte, und fand ihn nicht.

Er starb im Juli in Badenweiler im Schwarzwald.

Schon mit 28 Jahren hatte er an Suworin geschrieben:

Jeden Winter, Herbst und Frühling, an jedem feuchten Sommertag huste ich. Doch das erschreckt mich nur dann, wenn ich Blut sehe:

Das Blut, das aus dem Mund kommt, hat etwas Unheilverkündendes wie ein Feuerschein.

Dieser Redakteur Suworin schrieb nach Tschechows Tod an dessen Schwester Mascha, weil sie die Briefe herausgeben wollte, dass er Mühe habe, diese

Briefe chronologisch zu ordnen, weil der Autor immer genau den Tag und den Monat, aber nie die Jahreszahl angegeben habe.

Vielleicht sind, wenn man sehr einsam ist, die Jahreszahlen wirklich nicht wichtig, dachte ich, weil sich alles wiederholt? Vielleicht sind dann wirklich nur noch die Tage wichtig? Allerhöchstens die Monate?

***

Durch den Besuch bei dem Ehepaar Kopelew und den literarischen Übersetzern hatte ich bei meiner ersten Reise Zugang zu einer intellektuellen Parallelwelt in der Sowjetunion erhalten.

Bei dieser, meiner zweiten Reise, hatte ich den Eindruck, dass allein die Wahl eines nicht pathetischen Schriftstellers den Menschen, denen ich begegnete, Vertrauen einflößte.

Dazu gehörte auch die Nichte Tschechows, eine Musikprofessorin.

In Jalta war das Krankenhaus für Tuberkulosepatienten schon lange für die Behandlung anderer Krankheiten umgebaut worden – diese Krankheit war besiegt, für Tschechow zu spät.

Seine Frau überlebte ihn um 55 Jahre.

Sie starb 1959.

Olga Leonardowna Knipper war eine Moskauer Schauspielerin, die Tschechow in seinem 38. Lebensjahr kennenlernte, und arbeitete in ihrem Beruf auch nach ihrer Eheschließung weiter.

Da sie am Moskauer Künstlertheater engagiert war, er aber im Moskauer Klima nicht leben durfte, sahen sie sich nur in den Theaterferien.

Und Tschechow schrieb ihr fast täglich: Briefe voller Sehnsucht und Zärtlichkeit.

Und auch sie schrieb ihm: manchmal drängend, manchmal voll Schuldgefühl, dass sie nicht bei ihm lebte, manchmal voll Vorwurf, dass er in den Briefen so verschlossen sei.

Auf ihre Vorschläge, zu ihm nach Jalta zu ziehen, reagierte er abwehrend: Sie dürfe ihr Talent nicht ihrem Privatleben opfern, er habe nicht das Recht, dieses Opfer von ihr zu verlangen, sie hätten beide einen Bazillus: er den der Tuberkulose und sie den der Liebe zum Theater und so weiter und so weiter und so weiter.

Ich habe den Verdacht, er wollte es so.

Sein Vater war ein Leibeigener des Zaren, aber Anton ein Leibeigener der Familie.

Olga Knipper hat es nicht geschafft, in diese Familie einzudringen.

Denn ihr Mann fühlte sich mit tausend Ketten der

Verantwortung für seine Eltern und Schwester und Brüder gefesselt.

Das begann schon in seiner frühen Jugend.

Als er 16 Jahre alt war, machte sein Vater mit dem kleinen Gemischtwarenladen in Taganrog bankrott und konnte sich seinen Gläubigern nur durch die Flucht nach Moskau entziehen. Dort lebte er in großer Armut mit Frau und Kindern: Sie hatten nicht einmal Betten und mussten auf dem Fußboden schlafen.

Aber Anton blieb in Taganrog zurück.

Er wollte dort erst noch das Abitur ablegen und schaffte es auch.

Um etwas zum Leben zu haben, gab er Nachhilfestunden.

Als die Stadt Taganrog ihm zu Beginn des Medizinstudiums ein kleines Stipendium gab, kam er nach Moskau, studierte, schrieb nebenbei Kurzgeschichten für humoristische Zeitschriften und ernährte damit die Familie. Bis zu seinem Tod unterstützte er immer die Mutter und seine Geschwister.

Als er dann mit 44 Jahren starb, dankten ihm seine Schwester Mascha und auch sein Bruder Michail, indem sie das Haus in Jalta zu seiner Gedenkstätte, zu seinem Museum machten, die Briefe herausgaben und sich ganz seiner Ehrung widmeten, auch die Urheberrechte verwalteten.

Denn er war der eigentliche Vater: Fühlte sich verantwortlich für Brot und Moral.

Als 19-Jähriger schrieb er an seinen Bruder Michail:

Unter den Menschen muss man sich seiner Würde bewusst sein.

Und als 44-Jähriger schickte er seiner Schwester Mascha einen Scheck über 1200 Rubel:

Von diesem Geld behalte vierhundert Rubel für dich ...

Schreib mir öfter.

Die Familie war immer gegenwärtig.

Und als er Olga Knipper nach knapp dreijähriger Bekanntschaft auf deren Drängen heimlich in Moskau geheiratet hatte, schrieb er an seine Mutter dies tragische Telegramm:

Liebe Mama, ich bitte um Ihren Segen, ich heirate. Alles wird beim Alten bleiben ... Gesundheit besser. Anton.

Und an seine Schwester schrieb er zehn Tage später:

Liebe Mascha, dein Brief, in dem du mir abrätst zu heiraten, ist mir gestern aus Moskau nachgeschickt worden. Ich weiß nicht, ob ich einen Fehler begangen habe oder nicht, aber geheiratet habe ich vor allem aus der Überlegung, dass ich erstens über 40 Jahre alt bin, zweitens Olga aus guter Familie ist und dass ich drittens, wenn es nötig werden sollte, mich von ihr zu trennen, mich unverzüglich wieder von ihr trennen werde, als hätte ich nie geheiratet; sie ist doch ein selbstständiger Mensch und lebt von ihren eigenen Mitteln. – Wichtig ist weiter die Überlegung, dass sich durch diese Heirat weder meine Lebensweise noch die derjenigen, die um mich herum gelebt haben und leben, auch nur im Geringsten verändert. Alles, absolut alles bleibt, wie es war, und ich werde wie früher allein in Jalta leben.

Dem Schreiben lag ein Scheck über 500 Rubel bei. Und er beendete den Brief mit den Worten: *Also, bleib gesund und ruhig. Schreib öfter, bitte. Dein Anton.*

Zwei Monate später schickte er ihr sein Testament, in dem er ihr sein Haus in Jalta zu lebenslänglicher Nutzung und das Geld und die Einkünfte aus den dramatischen Werken vererbte.

Er teilte seiner Schwester in diesem Testament mit, dass er seiner Frau 5000 Rubel und das kleine Häuschen in der Nähe von Jalta vermachte. Dann bedachte er die nächsten Verwandten, die Bauern in Melichowo, damit sie eine Chaussee bezahlen konnten, die sie dringend nötig hatten. Und die Tochter eines Bekannten, damit sie das Gymnasium besuchen konnte.

Hilf den Armen. Sorge für Mutter. Lebt in Frieden.

Anton Tschechow. 3. August 1901.

Zu diesem Zeitpunkt war er 41 Jahre alt.

Drei Wochen später schrieb er an seine Frau: *Ich*

küsse dich fest, umarme dich, küsse dich wieder. Ich sehne mich schrecklich nach dir, mein Engel, mein Herz.

Und ein paar Tage später: *Schreib, schreib, mein Herz, schreib! Außer dir werde ich niemanden mehr lieben, keine einzige Frau.*

Wie hatte es mit ihr angefangen?

Sechs Jahre, bevor er Olga Knipper kennenlernte, schrieb er an Suworin:

Meine Schwester hat nicht geheiratet, aber die Liebesgeschichte findet anscheinend in brieflicher Form ihre Fortsetzung. Ich verstehe das nicht. Man vermutet, sie hat auch diesmal abgelehnt. Sie ist das einzige junge Mädchen, das aus Überzeugung nicht heiraten will. Jetzt zu mir. Ich will ebenfalls nicht heiraten, ich wüsste auch nicht, wen. Zum Kuckuck damit! Es würde mich langweilen, mich mit einer Frau abzugeben. Aber es wäre sehr gut, sich zu verlieben! Es ist zu langweilig ohne starke Liebe.

Gerade war das Künstlertheater in Moskau gegründet worden, und sie hatten Tschechow überredet, ihnen »Die Möwe« zur Aufführung zu überlassen.

Er hatte es widerstrebend getan, denn in Petersburg war die Uraufführung ein großer Misserfolg geworden.

Skeptisch ging er nun im September 1898, mit 38 Jahren, zu einer Probe.

Da sah er Olga in der Rolle der alternden Schauspielerin Arkadina.

Die Knipper war damals 30.

Sie sprach die Worte, die er sich ausgedacht, machte die Bewegungen, die er beim Schreiben vor sich gesehen hatte.

Sie spielte verhalten, verstand ihn genau.

Und kurz darauf ging er noch einmal zu einer Probe:

Wieder spielte Olga Knipper die Hauptrolle, war eine Zarin, die Zarin Irina, in dem Stück eines andern.

Die Irina fand ich überragend. Die Stimme, dieser Adel, diese Innigkeit, alles so gut, dass es mir die Kehle zuschnürte.

Sie war die Beste. Wäre ich in Moskau geblieben, hätte ich mich in diese Irina verliebt.

Aber er blieb nicht in Moskau.

Er war schon wieder in Jalta, als er die Gefahr erkannte.

Und er schrieb, immer noch im September, ausgerechnet an eine junge Frau, die ihn schon neun Jahre vergeblich liebte, an die um zehn Jahre jüngere Lehrerin Lydia:

Wäre ich noch ein wenig in Moskau geblieben, hätte ich den Kopf verloren. Und zwar an eine der herrlichen kleinen Schauspielerinnen.

Das schrieb er Lydia aus Schonung sicher im Plural.

Je älter ich werde, desto öfter und stürmischer pocht in mir der Pulsschlag des Lebens.

Und sechs Jahre später war er schon tot.

Olga spielte die unglückliche Geliebte – und wurde seine Geliebte.

Aber nicht so schnell.

Erst im Frühling des nächsten Jahres kam Tschechow wieder nach Moskau und holte sie vom Theater ab.

Und dann vergingen Monate bis zum nächsten Treffen.

Aber in der Theorie beschäftigte er sich mit der Ehe.

An seinen Bruder Michail schrieb er im Oktober 1898, kurz nach dem Tod des Vaters und einen Monat nach der ersten Begegnung mit Olga Knipper:

Was die Heirat betrifft, auf der du bestehst, was soll ich dir da sagen? Heiraten ist nur reizvoll, wenn man liebt, ein Mädchen nur deshalb zu heiraten, weil es sympathisch ist, ist dasselbe, als würde man sich auf dem Markt ein unnützes Ding nur deshalb kaufen, weil es nett aussieht. Im Familienleben ist der wichtigste Drehzapfen die Liebe, die Sexualität, die Gemeinsamkeit des Fleisches, alles Übrige ist unzuverlässig und langweilig, so klug wir das auch berechnen mögen.

Also geht es nicht um ein sympathisches Mädchen,

sondern um ein geliebtes, es liegt nur an einer Kleinigkeit, wie du siehst.

***

Als wir nach langer Anreise nun endlich in Jalta und in Tschechows Haus ankamen, empfand ich eine große Beklommenheit. Wäre es ihm recht, dass wir so ungebeten in seine Privaträume eintraten?

Ein großes Haus, am Hang, mit weitem Blick zum Meer.

Tschechow hatte für Olga Knipper in seinem Haus in Jalta ein Zimmer eingerichtet. Und ich sah es mir genau an:

Während sein Arbeitszimmer und das daran anschließende Schlafzimmer im ersten Stock lagen, also weiter weg vom Hauseingang, war Olgas Zimmer zu ebener Erde.

Von der Diele kam man in ein Esszimmer, von dem zwei Zimmer abgingen: Eins davon war Olgas.

Auf dem kleinen Tisch stand neben einer Fotografie, die Anton seiner Frau gewidmet hatte, ein Bierkrug mit der deutschen Aufschrift:

Ein gutes Kind gehorcht geschwind.

Und neben ihrem Bett an der Wand hing über ihrem Porträt das ihrer Mutter und das ihres Vaters, beides waren Deutsche.

Darum freute sich Anton Tschechow auch auf einen kleinen »Halbdeutschen«, als Olga Knipper schwanger war (es endete mit einer Fehlgeburt).

Sicher hatte das Beispiel ihrer Mutter großen Einfluss auf Olgas Entwicklung gehabt:

Sie war eine begabte Sängerin, durfte aber während ihrer Ehe nicht in ihrem Beruf arbeiten. Die Karriere der Mutter begann erst nach dem Tod des Ehemannes. Vielleicht hat das die Selbstständigkeit Olgas unterstützt.

Die Leiterin des Tschechow-Museums in Jalta (es war das ehemalige Wohnhaus Tschechows) lächelte, als ich sie fragte: »Was ist denn nun der wirkliche Grund, dass die beiden hier nicht zusammengelebt haben?«

»Das wundert alle einfachen Menschen, die hierherkommen«, antwortete sie. »Niemand kann es verstehen, denn sie hat ihm doch vorgeschlagen, dass sie das Theater aufgibt. Aber er war ein echter Mann«, meinte sie.

»Er wollte sicher nicht, dass sie ihn so leidend sieht.«

»Das soll Liebe sein?«, fragte uns ein in unserem Hotel in Jalta untergebrachter Major eindringlich. »Wenn man sich liebt, muss man doch zusammenleben?« In seiner 25-jährigen Zeit als Soldat musste er oft von seiner Frau getrennt leben.

Und immer haben sie beide darunter gelitten.

Jetzt hatte er sich freigenommen, um sich ein Haus zu suchen.

In dem wollte er nach der Pensionierung mit seiner Frau wohnen.

Ja, Jalta sei wirklich am schönsten.

Er konnte Tschechow verstehen.

Hatte alles von ihm gelesen.

Ein Mann mit so traurigen Augen, ein Mann, der so über die Liebe geschrieben hat: Einen solchen Mann hätte Olga Knipper nicht allein leben lassen dürfen. »Nein, das war keine Liebe«, sagte der Major und deckte uns, dem Fotografen, unserem Betreuer und mir, in seinem Hotelzimmer morgens um sechs Uhr den Frühstückstisch: mit frischem Brot und Butter und Wurst vom Bruder, dem ukrainischen Bauern, mit Honig und Mandarinen und Esskastanien und Tee von der Deschurnaja.

Mit einem starren Messer öffnete er die Fischbüchsen, sah uns stehend beim Frühstück zu, um Fehlendes schneller zu entdecken.

Die Vorräte für seine lange Reise hatte er zwischen den Fensterscheiben: Er werde noch lange nach einem geeigneten kleinen Haus suchen müssen, da müsse er sich das Essen einteilen.

Zwischen den Fensterscheiben kühlte es schon sehr.

Und es war doch erst Anfang November.

Wir froren in den ungeheizten Räumen.

Tschechow ist aus Moskau in diese Gegend geflohen.

Aber hier war es doch auch nicht warm?

»Ich kann ihn verstehen«, sagte der Major düster: »Tschechow war auch ein Ukrainer.«

Wir sollten ordentlich essen, denn ab jetzt würden wir vor dem späten Nachmittag nichts mehr bekommen: erst drei Stunden Trolleybus bis zum Flughafen, dann eine Stunde Wartezeit auf den Abflug, der Flug, dann die Autofahrt vom Moskauer Flughafen zum Hotel.

Er hatte recht.

Tschechow aber brauchte für die gleiche Strecke Tage.

Die Leiterin des Moskauer Tschechow-Museums, Galina Fjodorowna Schtschoboljewa, stand mehr auf Maschas Seite: »Mascha hat auf alles verzichtet«, sagte sie, »aus Liebe zu Anton.« Auf ihren Beruf als Lehrerin und auf ein eigenes Privatleben.

Nach Antons Tod gab Mascha die Briefe heraus, unterstützte das Moskauer Museum und leitete das Museum in Jalta bis zu ihrem Tode im Jahre 1957, wohnte ganz dort, eine Weile noch zusammen mit der Mutter und auch dem Bruder Michail bis zu deren Tod.

Während der Okkupation hatte sie durch eine List die Einquartierung eines deutschen Offiziers verhindert und den Nachlass ihres Bruders gehütet bis zur Befreiung Jaltas. Es gibt ein Foto von Mascha und dem sowjetischen Offizier, der als Erster ins Haus kam.

»Mascha hat mehr als alle anderen für Tschechow getan«, sagte die Moskauer Museumsleiterin Galina Fjodorowna, denn sie habe sich völlig auf ihn eingestellt, auch noch während seiner Ehe die Pflichten der Hausfrau und Gastgeberin erfüllt.

Vor der Ehe habe sie sich gut mit der Knipper verstanden, während der Ehe aber nicht.

Jedoch nach dem Tod von Anton Pawlowitsch hätten sich die beiden Frauen wieder angenähert, sich auch hin und wieder in dem Haus in Jalta getroffen.

»Tschechow war unheimlich einsam«, sagte die Museumsleiterin geheimnisvoll zu mir beim Abschied.

***

Im Jahr seines Todes schrieb Tschechow: *Ich möchte arbeiten, und wenn ich nicht arbeite, so sind meine Türen daran schuld, die eine zahllose Menge von Besuchern durch sich hindurchlassen.*

An Olga Knipper schrieb er einen Monat später: *Gäste, Gäste, Gäste ohne Ende, sie lassen mich nicht schreiben, verderben mir die Laune, und ein Mensch sitzt den ganzen Tag bei mir im Arbeitszimmer.*

Und, zehn Tage später, wieder an seine Frau: *Ich habe Angst, dass Gäste kommen. Die Leute hier sind schon sehr langweilig, unliterarisch; mit denen kann man über nichts reden, und ihnen zuhören – da wird einem trübe vor Augen.*

Aber warum hat er sich nicht gewehrt?

Neun Monate vor seinem Tod schrieb er seine letzte Komödie »Der Kirschgarten« ins Reine, litt unter Asthma und Schwäche.

Doch er ließ sich stören: Stundenlang unterbrach er seine Arbeit.

Und fast täglich berichtete er seiner Frau in langen Briefen von diesen endlosen Besuchen.

Mein vortreffliches Frauchen, meine Bezaubernde, sei gegrüßt! Gestern war Olga Michailowna bei mir, die schöne Dame, wir hatten geschäftlich zu reden, über das Kuratorium der Schule von Gursuf; von den Geschäften war nur fünf Minuten die Rede, aber dagesessen hat sie drei Stunden, buchstäblich. Buchstäblich, ich übertreibe nicht um eine einzige Minute, und ich weiß nicht, wie lange sie noch dagesessen hätte, wenn Vater Sergej nicht gekommen wäre. Als sie weg war, habe ich nicht mehr arbeiten können, in mir hat innerlich alles gezittert, dabei ist mein Stück immer noch nicht abgeschrieben, ich habe es mit Müh und Not bis zur Mitte des III. Aktes gebracht …

Aber vielleicht haben sie alle, auch diese Olga Michailowna, gespürt, dass er sich gar nicht wehren wollte?

Dass er sich für sie interessierte?

Für ihre Geschichte,

für ihre Gedanken,

ihre Ansichten,

für ihre Art sich zu bewegen,

für ihre Mimik,

ihr Lachen,

ihre Enttäuschungen

und ihre Sehnsüchte?

Vielleicht wollte er das nie zugeben?

Wie wollte er denn sonst etwas über sie erfahren?

Wie wollte er etwas über seine Zeitgenossen erfahren, wenn er sie nicht zu sich ließ?

Und vielleicht hatte er ein schlechtes Gewissen, sie nicht wieder zu empfangen, wenn er sich nicht mehr für sie interessierte?

***

Er muss auch eine Spottdrossel gewesen sein, dachte ich beim Lesen seiner Notizhefte. Einmal notierte er: *Ein Beamter begann auf besondere Art zu leben: auf dem Landhaus ein sehr hoher Schornstein, grüne Hose, blaue*

Weste, gefärbter Hund, Mittag um Mitternacht; nach einer Woche gab er alles wieder auf.

Dann amüsierte er sich über den Vers eines Dichters: *Dem Heuschreck gleich flog er zu seiner Geliebten.*

Und am Schluss dieses Notizbuchs steht: *Ein schüchterner junger Mann kam zu Besuch und blieb über Nacht; plötzlich trat eine taube Alte von etwa achtzig Jahren mit einem Klistiergefäß ein und machte ihm einen Einlauf; er dachte, das sei so üblich, und protestierte nicht; morgens stellte sich heraus, dass die Alte sich geirrt hatte.*

Es gibt noch drei weitere umfangreiche Notizbücher, in denen er sonderbare Begebenheiten und Aussprüche aufschrieb und durchstrich, wenn er sie in einer Erzählung oder einem Theaterstück verwendet hatte.

Es kommt mir so vor, als ob er in seinem Leben wie in einem absurden Stück an der Seite der Bühne stand.

Nachdem ich so viele Briefe von ihm las, darin so viele differenzierte Beschreibungen seiner Mitmenschen und auch der eigenen Seelenlage, frage ich mich, ob er gar keine Angst vor den Reaktionen seiner beschriebenen Personen hatte. Wenn sie sich vielleicht wiedererkannten? Und wie weit war er selbst von seinen Bühnenfiguren entfernt? Denn einen Brief an seine Frau unterschrieb er sogar mit: *Dein Onkel Wanja*. Das bedeutet ja, dass er sich ganz offen und ironisch mit einer seiner berühmtesten Bühnenfiguren identifizierte.

***

Als Arzt konnte er in der letzten Zeit wegen seiner Krankheit nicht mehr arbeiten, im Haus in Jalta wohnten außer seiner alten Mutter nur die Bediensteten, denn auch Mascha lebte anfangs noch in Moskau und kam nur besuchsweise zu ihm, Olga arbeitete in Moskau und spielte Rollen, die er für sie schrieb. Vielleicht war sie wie ein Sprachrohr für ihn; denn er gab ihr ja genaue Regieanweisungen.

Er erwartete Telegramme über den Fortgang der Proben an seinen Stücken, befürchtete, dass zu langsam oder zu laut oder zu sentimental gespielt werden könnte.

Er war wie ein Dirigent, dessen Orchester Hunderte Kilometer entfernt lag: Vitale Menschen am Theater in Moskau, seine Frau in den Hauptrollen – und er, in der Einsamkeit der Krim, hustete Blut.

Gleichzeitig brauchte er Stille und Freiraum zum Schreiben.

Zum Schluss seines Lebens ließ Tschechow aber doch einen Menschen ganz nah an sich heran: Es war Olga, die bei ihm in der Nacht zum 15. Juli 1904 im Hotelzimmer in Badenweiler bei ihm bleiben durfte, als er starb. Tschechow war gegen ein Uhr nachts mit Atemnot aufgewacht. Um zwei Uhr traf der Arzt ein. Olga Knipper hat darüber geschrieben:

Er ließ Champagner bringen. Anton Pawlowitsch setzte sich auf und sagte irgendwie bedeutungsvoll, laut zu dem Arzt auf Deutsch (er konnte nur sehr wenig Deutsch): »Ich sterbe …« Dann nahm er das Glas, drehte das Gesicht zu mir, lächelte sein wunderbares Lächeln, sagte: »Ich habe so lange keinen Champagner mehr getrunken …«, trank das Glas in aller Ruhe aus, legte sich still auf die linke Seite und war bald für immer verstummt.

***

Während wir mit der Moskauer Museumsleiterin sprachen, klingelte das Telefon.

Am Apparat war Jewgenia Michailowna und erkundigte sich im Vertrauen nach uns.

Sie war die 83-jährige Nichte Tschechows, sein Patenkind, die Tochter seines Bruders Michail.

Wir waren mit ihr in der Moskauer Partnerredaktion verabredet, und nun wollte sie vorsichtshalber wissen, was wir für Typen waren.

Die Auskunft fiel wohl vertrauenerweckend aus.

Sie entschloss sich nämlich, uns zu sich nach Haus einzuladen.

Wir kauften einen Blumenstrauß und klingelten bei ihr.

Die Nachfahrin Jewgenia Michailowna, bis vor drei Jahren noch Frau Professor am Moskauer Konservatorium, sah mich erwartungsvoll und streng durch die Brille an. Dann bat sie uns herein.

Sie wollte von mir die Fragen wissen,
sie mitschreiben,
darüber nachdenken.

Aber dann war sie viel zu vital und spontan, um sich an ein solches Gerüst zu halten.

Nach wenigen Minuten holte sie die vorbereitete Mappe hervor, obenauf eine Urkunde: Es war die Taufurkunde, auf der Anton Tschechow und seine Schwester Mascha als ihre beiden Taufpaten genannt waren.

Ich fragte sie nach einer geistigen Tradition in der Familie.

Sie lächelte und nahm die Brille ab: »Sehen Sie mich an: Wir Tschechows haben alle die gleichen Augen, sehr helle blaue. Anton Pawlowitsch hat auch solche Augen gehabt. Und dann haben wir alle eine künstlerische Begabung.«

Ein weiteres Merkmal sei der ungewöhnlich feste Familienzusammenhalt und dass sehr, sehr wenig über persönliche Dinge gesprochen werde. Sie habe mit

Olga Knipper nie, nicht ein einziges Mal, über ihre Ehe mit Anton Pawlowitsch geredet.

Natürlich habe die Knipper schwarze Augen gehabt, ganz schwarze Augen, sagte sie mit Bestimmtheit.

Dann zeigte sie mir einen Stammbaum, aus dem hervorging, dass sie die einzige weibliche Nachfahrin der Tschechow-Familie in der Sowjetunion war:

Ihr verstorbener Bruder Sergej habe einen Sohn Sergej hinterlassen, der aber wohl keine Kinder mehr bekommen werde, meinte sie.

Der einzige Nachkomme im Ausland sei der Sohn Vera Tschechowas, der zwölfjährige Niki, ein Ururenkel Alexanders, des ältesten Bruders Tschechows.

Seine anderen Geschwister, sein Bruder Nikolai und seine Schwester Mascha starben wie er kinderlos.

Auch Wladimir, der Sohn des jüngeren Tschechow-Bruders Iwan, sei tot.

Sie war noch nie in ihrem Leben im Ausland.

So kannte sie auch den kleinen Niki nicht.

Sie schenkte mir mit Widmung den Durchschlag eines neunseitigen Schreibmaschinen-Textes, den sie über die Jahre 1923–1936 in Jalta verfasst hatte, über ihren Vater Michail und über Mascha.

Eine frühere Russischlehrerin aus Schwerin übersetzte mir kürzlich diesen Text, schrieb alles mit der Hand, wie auch Tschechow, dachte ich, und wollte durchaus nichts dafür, weil es eine Ehre sei, einen Text zu übersetzen, der mit Tschechow zu tun habe.

Demnach lebte Mascha bis zu ihrem Tod im Haus in Jalta, widmete seinem Werk ihr ganzes Leben. Das Museum wurde staatlich kontrolliert. Die Professorin mit den hellen Tschechow-Augen lobte aber auch ihren Vater Michail für seine Unterstützung. Ohne ihn hätten die Werke seines Bruders nicht so sorgfältig herausgegeben werden können.

***

Am nächsten Tag durften wir zu Tschechows Grab:

Es liegt auf dem Friedhof des Nowodewitschi-Klosters in Moskau.

Der riesige Friedhof war 1981 nur für Angehörige dort Bestatteter geöffnet, für alle anderen nicht, wenn sie nicht, wie wir, eine Sondererlaubnis hatten.

Wir sahen die Gräber der einstmals Mächtigen:

Chruschtschow liegt dort

und Bulganin

und Stalins Frau. Sie liegt dort unter einem Denkmal, das mit einem echten Soldatenmantel bedeckt ist.

Sie habe sich das Leben genommen nach einer Eifersuchtsszene Stalins an ihrem Geburtstag, erzählte mir ein vornehm aussehender Mann, der uns auf dem Friedhof in höflichem Abstand gefolgt war und nun plötzlich neben mir stand vor diesem merkwürdigen bekleideten Denkmal – ich kam mir wirklich vor wie in Bulgakows »Der Meister und Margarita«.

An Tschechows Grab war eine Tafel angebracht, mit der Bitte, die Blumen in die bereitgestellten Gefäße zu stellen und nicht einfach hinzulegen.

Es lagen aber trotzdem Blumen da, denn die Gefäße reichten nicht.

Das Tröstliche war, dass Olga Knipper neben Tschechow begraben ist:

zwischen ihm und seinem Vater.

Und weit, weit südlich, früher mehrere Reisetage entfernt, liegt auf einem kleinen, allen zugänglichen Friedhof in Jalta Mascha.

Unter drei gleichen Grabsteinen, im Schatten hoher Bäume, liegen Tschechows Mutter, Michail und Mascha nebeneinander.

Kleine Holzpfeile wiesen uns den Weg:

Das Grab der Tschechows.

Der Friedhof war belebt.

Die Menschen stellten Wein und Konfekt für ihre Toten auf die Grabplatten oder auf den Tisch daneben.

Und auch an Maschas Grab kam eine Frau zu uns:

Sie hinkte, hatte ihre schöne, junge Tochter bei sich und den 14-jährigen gebrechlichen Hund auf dem Arm.

Sie legte Obst und Bonbons auf die drei Gräber der Tschechows und bot auch uns Äpfel an.

Es sei so Sitte, sagte sie, dass man unvergesslicher Toter so gedenke.

Wir sollten beim Apfelessen an Mascha denken.

Das sei gut für sie.

Wir aßen schweigend.

Dann erzählte sie von sich und ihren Kindern:

Wie sie aus der Karelo-Finnischen Sowjetrepublik kam, hierher zu ihrem Mann, wie sie ihre Kinder gebar,

wie das jüngste todkrank wurde, aber überlebte,

und wie ihr Mann ging zu einer anderen

und wie sie ihn dann verließ, aber nicht vergessen konnte.

Sie lud uns zu sich zu einem Tee ein.

Kaschtanka war ihr die liebste Erzählung Anton Tschechows.

Sie zeigte uns das zerlesene Exemplar im Bücherschrank.

***

Als ich nach der Tschechowreise mit dem Fotografen bei dem Redakteur der Ostberliner Zeitschrift saß, um meine Reportage zu besprechen, sagte er, dass mehrere Passagen nicht gedruckt werden dürften, wie z. B. die über den Selbstmord von Stalins Frau und die Kriegsflotte am Asowschen Meer. Ich hatte mir damals angewöhnt, die Texte ohne innere Zensur zu schreiben. Ich hatte mir angewöhnt zu sagen: »Von mir aus streiche ich das nicht; aber wenn Sie dafür keine Druckgenehmigung bekommen, müssen Sie es streichen.« Und wenn ich eine Einladung in den Westen oder einen Preis bekam, lehnte ich nicht empört ab, sondern sagte auch: »Dann müssen Sie es mir verbieten.«

Dieser Redakteur war aber ehrlich und sagte: »Wir dürfen das nicht drucken.«

Er erzählte, dass ein Kollege aus dem Toilettenfenster in diesem Stockwerk gesprungen sei. »Das kann man doch einfacher haben«, sagte er, »man muss sich doch nicht durch ein Toilettenfenster zwängen.«

Und in dem Moment dachte ich, dass er in Gefahr war.

Ein Jahr später rief er mich wieder an, um mir eine Reportage über Litauen anzutragen. Wieder mit der Moskauer Partnerredaktion, wieder mit demselben Fotografen. Ich nannte die Reportage »Litauisches Lieben« und wurde nach der Abgabe nicht in die Redaktion bestellt, sondern bekam einen Anruf des Redakteurs, dass die Abteilung Frauen des Zentralkomitees der SED diesen Artikel nicht gedruckt sehen möchte. Ich hatte die Gespräche mit einem Richter erwähnt, der mit mir Deutsch sprechen wollte und nicht Russisch für meinen Begleiter, den russisch-deutschen Dolmetscher. Russisch wäre ihm viel fremder. Dann hatte ich die Nischen in einigen offiziellen Gebäuden beschrieben, in denen Statuen standen, die wie Heilige aussahen. Ich hatte über Religiöses berichtet. Die ZK-Leute spürten wohl einen Unabhängigkeitswunsch der Litauer in meinem Text. Gründe für das Verbot meiner Reportage wurden mir vom Redakteur nicht übermittelt. Er sagte mir nur freundlich, dass er leider gegen diesen Beschluss nichts machen könnte, dass Streichungen nichts ändern würden, dass es wohl um die Tendenz meines Berichts gehe.

Es muss keinen Zusammenhang geben, aber bald darauf las ich seine Todesanzeige und erfuhr: Er war aus seiner Wohnung in einem Hochhaus in der Nähe des Alexanderplatzes gesprungen.

Ihm verdanke ich meine Reise zu Tschechow, so eine wichtige Brücke.

EIN NACHSATZ

Jetzt hat es mir eben doch den Atem verschlagen, denn ich wollte zum Abschluss meiner kleinen Huldigung an Anton Pawlowitsch Tschechow noch einmal alle Bücher von und über ihn ansehen, die beim Schreiben um mich herumlagen, mich fragen anhand der Erscheinungstermine (das ist ein Russizismus im Satz, stimmt!), in welchem Lebensjahr ich in Kontakt mit dem jeweiligen Buch kam.

Darum nahm ich auch die Meistererzählungen in die Hand, Band 54, in der Dieterich'schen Verlagsbuchhandlung Leipzig 1983 erschienen, also zwei Jahre, nachdem ich in Moskau, Melichowo und Jalta meine Reise zu den Tschechow-Gedenkstätten absolviert hatte. Auch »Gram« ist enthalten.

Das Buch ist in meiner Lieblingsfarbe Russisch-Grün in Leinen gebunden, darauf steht in deutschen Buchstaben in Gold Tschechows Namenszug.

Ich legte den Schutzumschlag wieder um das Buch und sah mir den hinteren Waschzettel an.

Da war eine Tagebuchnotiz von Katherine Mansfield vom September 1921 abgedruckt, die ich heute zum ersten Mal bemerkte, denn ich möchte immer die literarischen Texte selbst lesen, vom letzten Satz zurück zum ersten Satz, von der letzten Seite zur ersten Seite, möchte mich nicht beeinflussen lassen (wieder ein Russizismus, wieder habe ich das Verb vom Satzende in die Satzmitte gezogen) von einer Empfehlung oder einer Warnung auf dem Umschlag oder in einer Kritik.

Katherine Mansfield schrieb demnach vor 102 Jahren in ihr Tagebuch:

Jede einzelne französische Kurzgeschichte würde ich für diese durch den Schornstein jagen. Sie ist eines der Meisterwerke der Welt.

Sie meinte diese unerreichbare Geschichte.

Doch ich will sie ja gar nicht erreichen, ich will sie stehen lassen als geschliffenen Edelstein. Und das Tschechow-Motto in dieser Übersetzung von Reinhold Trautmann lautet:

Wem klage ich mein Leid? ...

Mit einem Fragezeichen und drei Punkten dahinter.

In einer anderen Übersetzung habe ich die Geschichte 1969 gelesen, mit 29 Jahren, in der Übersetzung von Wolf Düwel. Er übersetzte den Titel mit »Gram« und nicht mit »Kummer« und Tschechows Motto mit *Wem klage ich meinen Schmerz ...?*

Und er setzte die drei Punkte vor dem Fragezeichen.

Damit wird dem Schmerz vor dem Fragezeichen ein größerer Gedankenraum gegeben.

Und in der anderen Übersetzung hat die Frage einen größeren Raum.

Stehen die drei Punkte bei Tschechow in Wirklichkeit nach dem Fragezeichen oder davor?

Um nicht überwältigt zu werden, werde ich mir einfach weiter solche technischen Fragen stellen.

Und Tschechow lesen: erst den letzten Satz und dann den ersten Satz, dann die letzte Seite, dann die erste, um diese wunderbare Brücke zu sehen.

Die er auch für mich baute.

Danke dafür.

Es wird hier das in Deutschland gebräuchliche Datum, also der gregorianische Kalender, angegeben.

1860 29. Januar: Anton Pawlowitsch Tschechow wird als Sohn des Kaufmanns Pawel Jegorowitsch Tschechow und seiner Ehefrau Jewgenia Jakowlewna (geb. Morosowa) in Taganrog geboren.

1869 Eintritt in das Taganroger Klassische Gymnasium.

1876 Der Vater erklärt seinen Bankrott. Die Familie siedelt nach Moskau über, Anton Tschechow bleibt allein in Taganrog.

1877 Während der Osterferien erster Aufenthalt in Moskau. Tschechow schickt seinem Bruder Alexander erste literarische Versuche und humoristische Skizzen nach Moskau, damit dieser sie einer Zeitung zum Druck anbietet.

1879 Abschluss des Gymnasiums. Anton Tschechow siedelt ebenfalls nach Moskau über und beginnt mit dem Medizinstudium.

1880 Erste Veröffentlichungen in der Zeitschrift »Strekoza«, u. a. »Brief an einen gelehrten Nachbarn«, »Was man meist in Romanen, Novellen usw. antrifft«.

1881 Tschechow arbeitet unter dem Pseudonym Antoscha Tschechonte für verschiedene humoristische Zeitschriften.

1884 Uni-Abschluss. Tschechow arbeitet als Krankenhausarzt in Woskressensk und Swenigorod.
Im Dezember erste Anzeichen von Lungentuberkulose.

1885 Tschechow arbeitet für die »Peterburgskaja gaseta«. Reise nach Sankt Petersburg, Bekanntschaft mit dem Verleger Suworin.

1886 Die erste »Wochenendgeschichte« in der »Nowoje wremja«, »Die Seelenmesse«, unterzeichnet er zum ersten Mal nicht mit Pseudonym.

1887 Er reist nach Taganrog, Nowotscherkassk, Rostow sowie zu den »Heiligen Bergen«.

1888 Reisen nach Sumy, auf die Krim, in den Kaukasus, durch die Ukraine. Für den Sammelband »In der Dämmerung« wird der Schriftsteller im Oktober durch die Akademie der Wissenschaften mit dem Puschkin-Preis ausgezeichnet.

1889 Sein Bruder Nikolai stirbt. Reise nach Odessa, Jalta, Feodossija. Tschechow bereitet die Sachalinreise vor.

1890 Reise nach Sankt Petersburg. Im April reist er nach Sachalin. Im Oktober fährt er über das Japanische Meer, den Indischen Ozean und den Suezkanal nach Odessa.

1891 Reist mehrmals nach Sankt Petersburg, sammelt Bücher und Lehrmittel für die Schulen und Bibliotheken auf Sachalin. Von März bis Mai Reisen nach Wien, Venedig, Monte Carlo, Paris. Organisiert Hilfe für Betroffene der Hungerkatastrophe.

1892 Reist für die Hungerhilfe in die Gouvernements Nishni Nowgorod. und Woronesh. Im März siedelt er mit seiner Familie auf das Gut Melichowo um. Organisiert Maßnahmen gegen die Choleraepidemie.

1894 Wegen seines verschlechterten Gesundheitszustandes fährt er auf die Krim, wird zum Geschworenen am Moskauer Kreisgericht gewählt und als Kurator der Landschule in Talesh bestätigt.

1895 Im August trifft er in Jasnaja Poljana Lew Tolstoi.

1896 Unterstützt den Bau einer Schule in Talesh.

1897 Unterstützt den Bau einer Schule in Novoselki, hilft bei der Volkszählung, wird Kurator einer Schule. Im März Verschlimmerung seines tuberkulösen Leidens, Klinikaufenthalt. Er wird für die Mitarbeit bei der Volkszählung ausgezeichnet.
Reisen nach Paris, Biarritz, Bayonne und Nizza.

1898 Er übt scharfe Kritik an der Haltung der »Nowoje wremja« (deren Herausgeber Suworin ist) zur Dreyfus-Affäre. Anfang Mai kehrt Tschechow nach Melichowo zurück und unterstützt dort den Bau einer Schule. Bekanntschaft mit Olga Leonardowna Knipper. Tschechows Vater stirbt. Die Familie beginnt mit dem Bau eines Landhauses in Autka bei Jalta.

1899 Begegnungen mit Olga Knipper in Moskau, Noworossijsk und Jalta.
Er bemüht sich um einen Sanatoriumsbau für notleidende Tuberkulosekranke in Jalta.

1900 Er wird zum Ehrenmitglied der Klasse für Schöne Literatur an der Akademie der Wissenschaften gewählt.
Reisen nach Moskau und Nizza.

1901 Im Mai heiratet er die Schauspielerin Olga Knipper, gemeinsam reisen sie zu einer Kumys-Kur in das Gouvernement Ufa. Im August verfasst er sein Testament.

1902 Gorkis Wahl zum Ehrenmitglied der Akademie der Wissenschaften wird für ungültig erklärt, Tschechow verzichtet daraufhin aus Protest auf seine Mitgliedschaft.
Er leistet materielle Hilfe für verbannte Studenten.
Olga Knipper erkrankt schwer.
Er reist auf der Wolga und der Koma zum Gut von Morosow und schreibt an seinem letzten Stück »Der Kirschgarten«.

1903 Er kehrt im Juli nach Jalta zurück und übergibt im Oktober den Dramentext »Der Kirschgarten« an das Künstlertheater.

1904 Januar: Premiere »Der Kirschgarten« und Ehrung des Autors im Künstlertheater an seinem 44. Geburtstag.
Februar: Rückkehr nach Jalta.
Mai: Fahrt nach Moskau.
Juni: Tschechow reist mit Olga Knipper nach Badenweiler.
15. Juli: Tschechow stirbt.
22. Juli: Beisetzung auf dem Friedhof des Nowodewitschi-Klosters.

S. 17:
Kaschtanka: In der Übersetzung von Reinhold Trautmann, in: A. P. Tschechow: *Meistererzählungen.* Dieterich'sche Verlagsbuchhandlung, Leipzig 1953.

S. 28–40:
Gram: In der Übersetzung von Wolf Düwel, in: Gerhard Dick und Wolf Düwel (Hrsg.): *Das schwedische Zündholz. Kurzgeschichten und frühe Erzählungen. Anton Tschechow: Gesammelte Werke in Einzelbänden.* Rütten & Loening, Berlin 1978 (3. Auflage).

S. 53f., Auszug aus:
Anton Tschechow: *Die Insel Sachalin, Reiseberichte, Feuilletons, Literarische Notizhefte.* GWEb. Übersetzt von einem Kollektiv unter der Leitung von Gerhard Dick. Rütten & Loening, Berlin 1969.

S. 12, 13, 59–61, 65–70, 74, 75:
Peter Urban (Herausgeber und Übersetzer): *Čechov Briefe. 1877–1904.* 5 Bände. Diogenes, Zürich 1983.

S. 91–98, in Anlehnung an:
Georgi P. Berdnikow: *Anton Tschechow. Eine Biografie.* Herausgegeben vom *Kollektiv für Literaturgeschichte* unter der Leitung von Prof. Dr. Kurt Böttcher. Volk und Wissen Volkseigener Verlag, Berlin 1984.
Peter Urban (Hrsg.): *Čechov Chronik. Daten zu Leben und Werk.* Zusammengestellt von Peter Urban, Diogenes-Verlag. Zürich 2004.

Der Verlag Kiepenheuer & Witsch hat sich zu einer nachhaltigen Buchproduktion verpflichtet. Gemeinsam mit unseren Partnern und Lieferanten setzen wir uns für eine klimaneutrale Buchproduktion ein, die den Erwerb von Klimazertifikaten zur Kompensation des CO_2-Ausstoßes einschließt. Weitere Informationen finden Sie unter www.klimaneutralerverlag.de

MIX
Papier | Fördert gute Waldnutzung
FSC® C083411
FSC www.fsc.org

1. Auflage 2023

Covergestaltung: Barbara Thoben, Köln
Covermotiv: © André Gilden/Alamy Stock Foto
Gesetzt aus der Minion Pro und Trade Gothic
Satz: Buch-Werkstatt GmbH, Bad Aibling
Druck und Bindung: CPI books GmbH, Leck
ISBN 978-3-462-00378-9